D1569742

LA DEA EN MÉXICO

J. JESÚS ESQUIVEL

La DEA

en México

**Una historia oculta del narcotráfico
contada por los agentes**

Grijalbo

La DEA en México
Una historia oculta del narcotráfico
contada por los agentes

Primera edición: abril, 2013
Primera reimpresión: mayo, 2013
Segunda reimpresión: julio, 2013

D. R. © 2013, J. Jesús Esquivel

D. R. © 2013, derechos de edición mundiales en lengua castellana:
    Random House Mondadori, S. A. de C. V.
    Av. Homero núm. 544, colonia Chapultepec Morales,
    Delegación Miguel Hidalgo, C.P. 11570, México, D.F.

www.megustaleer.com.mx

Comentarios sobre la edición y el contenido de este libro a:
megustaleer@rhmx.com.mx

ISBN 978-607-311-618-3

Impreso en México / *Printed in Mexico*

Índice

Introducción   11

  1. El día que llegaron   17

  2. Los informantes   27

  3. Agentes encubiertos   47

  4. El narcotráfico en los años setenta   61

  5. Cuando todo cambió: el asesinato de Camarena   75

  6. Amigos del narco   93

  7. Todos portan armas, pero bien organizados   103

  8. La DEA y los militares mexicanos   117

  9. Informes de la DEA y políticos mexicanos   133

10. Cuando desaparece la droga   147

11. Amado, el más grande e inteligente   159

12. Fugas y grandes golpes   173

13. *Lalo,* el agente y las narcofosas   193

14. *El Chapo* en "el sexenio de la muerte"   233

Índice onomástico   247

Con *El Chapo*, nada. Con *El Chapito* yo no me meto. Estoy muy bien aquí. Mi trabajo ya terminó y no quisiera tener problemas ni poner en riesgo la seguridad de mi familia.

Ex agente de la DEA que trabajó varios años en México; actualmente vive en San Diego, California.

Introducción

En la mente de casi todos los mexicanos, la presencia de agentes de la Administración Federal Antidrogas (Drug Enforcement Administration, DEA) en nuestro país ha sido siempre un tema digno de una película de suspenso, además de que para la relación bilateral México-Estados Unidos siempre han existido muchas dudas y claroscuros en torno de dicha presencia.

Es un hecho que en México existe una especie de fascinación respecto de los agentes de la DEA y su trabajo en la lucha contra el narcotráfico. Pero esto se debe principalmente a que su presencia casi invisible dentro del territorio mexicano ha generado mitos e intrigas. Para algunos, los menos, son el mal encarnado, mientras que muchos los consideran la mano justiciera, incorruptible y perfecta. Y no lo son. Ni lo uno ni lo otro.

Los agentes de la DEA son seres humanos comunes y corrientes. No son agentes secretos como el legendario James Bond, el 007, personaje infalible creado por el cine. Tampoco son quienes saben todo lo que verdaderamente ocurre en México sobre el trasiego de las drogas. Los agentes de la DEA son y serán siempre policías. Para eso se prepararon, estudiaron y se entrenaron bajo disciplinas muy rigurosas.

Es verdad que tienen información privilegiada sobre el mundo del narcotráfico, más abundante y de mejor calidad que la de algunas agencias del gobierno mexicano. Pero no saben todo.

11

También es un hecho que cada vez que el gobierno anuncia la captura o eliminación de un capo de cualquier cártel, de inmediato los mexicanos piensan que ahí estuvo presente la mano de la DEA.

El sensacionalismo que caracteriza a los despachos periodísticos mexicanos sobre la DEA, igualmente ha contribuido a forjar esa idea de que los agentes estadounidenses son invencibles, o al menos muy misteriosos e inalcanzables.

Desde el secuestro, tortura y asesinato de Enrique *Kiki* Camarena, en 1985, la prensa mexicana comenzó a magnificar y a exaltar el trabajo de la DEA en la lucha contra el narcotráfico. Por su parte, en Estados Unidos periódicos de prestigio mundial como el *New York Times* y el *Washington Post* han aportado su grano de arena a la mitificación de la DEA, sobre todo al exhibir en reportajes de primera plana casos de corrupción de políticos, policías y militares mexicanos, y siempre gracias a filtraciones e información que les entregaron los agentes antinarcóticos.

Con la explosión de la narcoviolencia que generó la estrategia militarizada de Felipe Calderón para combatir a los cárteles de la droga y al crimen organizado, creció también el mito de la DEA. La supuesta elaboración de documentos secretos o clasificados por parte de la DEA, o de listas con nombres de políticos, policías y militares, supuestamente corrompidos por el narco, son ya un lugar común de las notas policiacas en los periódicos y las revistas mexicanas, por no hablar de los medios electrónicos. Sólo contados periodistas llegan a publicar las pruebas supuestamente elaboradas por la DEA, que muchos presumen tener en su poder para sustentar los despachos noticiosos.

Otro lugar común del periodismo nacional consiste en exagerar la reacción de las oficinas centrales de la DEA en Washington cuando en México es capturado algún capo importante del narcotráfico. Así, continuamente leemos: "Aplaudimos [...] Éste es un golpe muy fuerte en las estructuras de poder de este cártel

[...] La captura refleja el éxito de la cooperación bilateral..."; y, por cierto, casi como regla, la DEA siempre hace este tipo de declaraciones.

Cuando se arresta a un narco, no faltan los mexicanos que asocian la captura del criminal con la efectividad del trabajo de la DEA. Rara vez se le da crédito a la Procuraduría General de la República (PGR), a la Secretaría de Seguridad Pública (SSP), al Ejército o a la Marina.

Pero más allá de estas consideraciones, ¿quiénes son los agentes de la DEA que están en México? ¿Cómo trabajan? ¿Qué hacen para saber todo lo que se dice que conocen con detalle sobre el narcotráfico y cuál es su metodología? ¿Cómo se visten, qué comen? ¿Saben en realidad qué funcionarios, policías y militares de México están en la nómina de pago de los narcotraficantes? ¿Son de verdad los superhéroes que salvarán a México de los malos y de los políticos corruptos?

Son muchas las preguntas que se pueden formular. La respuesta a casi todas la proporcionan los testimonios de agentes de la DEA que han trabajado en México. Su propia descripción de lo que hacen, de cuáles son sus métodos, acaba en muchos sentidos con los mitos y los misterios que los envuelven.

Quienes aceptaron ser entrevistados para este libro hablan de sus inconformidades, de sus frustraciones, de las ventajas que les da el hecho de ser "policías estadounidenses en México". Al mismo tiempo, denuncian la podredumbre que ha generado la corrupción por narcotráfico en todos los niveles del gobierno en México. Con frecuencia se burlan de lo que informan los medios de comunicación nacionales, porque no es verdad lo que ahí se dice, y nadie desmiente. "Porque no afecta", explican.

Son policías que repudian lo que dicen sus jefes, burócratas en Washington —algunos que ni siquiera han puesto un pie en territorio mexicano—, que critican el que hablen y den cátedra con tanta seguridad sobre "lo que verdaderamente ocurre en México". Y también aceptan que filtran información importante al *New York Times* o al *Washington Post* porque no confían en las autoridades mexicanas.

A través de varias entrevistas, tanto con agentes de la DEA que trabajaron en México en la década de 1970 y que volvieron años después, como con otros que se fueron a mediados del sexenio de Felipe Calderón, se puede encontrar respuesta a las interrogantes.

Con sus palabras desmienten al gobierno mexicano: "Sí, todos los agentes de la DEA portamos armas cuando estamos trabajando en México", dice uno de los entrevistados. "El gobierno de México nos puso como condición, para aumentar el número de oficinas y de agentes, que no informáramos sobre esto a los mexicanos", matiza otro.

Con frialdad y pulso policiaco, los agentes de la DEA que han compartido su testimonio para estas páginas dicen no entender por qué las autoridades no arrestan a capos de la talla de Joaquín *El Chapo* Guzmán Loera. Deploran los más de 60 000 muertos que dejó la lucha militarizada contra las drogas de Calderón. Califican a esta guerra como un "fracaso", por el altísimo nivel de corrupción por narcotráfico que se expandió en la administración calderonista, y que inició durante la de Vicente Fox. "Más que cuando el gobierno estaba en manos del PRI", sentencia uno de los agentes entrevistados.

Este libro no pretende ni busca corregir la colaboración entre los gobiernos de México y Estados Unidos para combatir al narcotráfico. Tampoco es una propuesta para solucionar el problema del trasiego de drogas y de la corrupción gubernamental. Ése no es el propósito de este trabajo.

En cambio, es un intento por acabar con el mito de la presencia de la DEA en México a través de la mirada y los testimonios de los protagonistas. Aunque al darle voz sólo a los agentes estadounidenses se podrá calificar su testimonio como unilateral o que carece de contrastes; pero esto, en todo caso, no desmerece la calidad de la información que proporcionan.

Algunos son identificados con nombre y apellido. Otros han querido permanecer en el anonimato porque aseguran que no quieren poner en riesgo la colaboración bilateral, ni mucho menos la vida de sus compañeros.

El fiasco del arresto del supuesto hijo del líder del Cártel de Sinaloa, el 21 de junio de 2012, no sólo exhibió la ingenuidad de la DEA sino las ansiedades electorales de Calderón. Por ello las revelaciones que ofrecen los testimonios de los agentes estadounidenses adquieren mayor relevancia.

La frase "Con *El Chapo*, nada. Con *El Chapito* yo no me meto", expresada por uno de ellos, refleja la dimensión y la fragilidad humana del trabajo de un agente de la DEA en México.

Aunque pareciera que lo saben todo, que experimentan de cerca el peligro y que han estado al lado de los narcos más peligrosos, son tan vulnerables como cualquier ser humano.

También tienen miedo de morir abatidos por la narcoviolencia.

1

El día que llegaron

La presencia y las actividades de agentes federales de Estados Unidos en México no es un tema nuevo, pues sus antecedentes se remontan a comienzos del siglo xx. El primer registro de la presencia de agentes estadounidenses en territorio mexicano data de la presidencia de Venustiano Carranza, con motivo de la propuesta del gobierno de Alemania de la posible y eventual participación de México en la primera Guerra Mundial.

En esos años, de acuerdo con informes periodísticos recopilados en la Biblioteca del Congreso de Estados Unidos, Washington envió a México a varios de sus agentes federales a investigar la posición y los planes de Carranza sobre el conflicto bélico.

Tiempo después, cuando se desata y posteriormente concluye la segunda Guerra Mundial, la presencia de agentes estadounidenses en el territorio mexicano se transforma en un asunto no sólo importante, sino esencial para la relación bilateral y la seguridad nacional de ambos países.

Con el surgimiento de la llamada Guerra Fría, el gobierno de Estados Unidos desplegó en México a todo un "equipo especial" de agentes federales para vigilar e identificar a personas consideradas socialistas y/o que tuvieran vínculos directos o indirectos con la Unión Soviética. Buscaban a comunistas. Los gobiernos mexicanos de esas épocas nunca se opusieron a colaborar con Estados

Unidos. Autorizaban el ingreso de los agentes de Washington pero ante la opinión pública lo negaban.

AGENTES DE LA CIA Y EL FBI OPERAN EN MÉXICO

México tenía la necesidad de dar legalidad a la cooperación de inteligencia (espionaje) que de forma incondicional ofrecía al gobierno de Estados Unidos. De ahí que en 1948 se suscribiera la Convención Bilateral de Relaciones Consulares, y que posteriormente, en 1961, se firmara la Convención Internacional de Relaciones Consulares.

Bajo los estatutos de estos instrumentos diplomáticos, México concede y reconoce la "calidad de personal consular" de los agentes federales que Estados Unidos asigna a su embajada en la capital mexicana. Es decir, escudados por un pasaporte diplomático y conforme a las disposiciones del acuerdo consular bilateral e internacional, el gobierno de México de hecho autorizó que, por ejemplo, agentes de la Agencia Central de Inteligencia (CIA) y del Buró Federal de Investigaciones (FBI) llevaran a cabo labores policiales por todo el país, siempre y cuando fueran catalogadas como de utilidad para los intereses de seguridad nacional por parte de la Casa Blanca y del Capitolio.

Los compromisos consulares suscritos por México acotaban tenuemente las actividades en el territorio mexicano de los agentes estadounidenses. Durante la Guerra Fría los emisarios de Washington, por obligación, colaboraron estrechamente con la desaparecida Dirección Federal de Seguridad, dependiente de la Secretaría de Gobernación.

Bajo este esquema de trabajo conjunto, agentes mexicanos y estadounidenses tenían en la mira a personas nacionales y extranjeras señaladas como sospechosas de ser socialistas o comunistas.

18

Muchos de los etiquetados como enemigos del imperio yanqui simplemente simpatizaban con la ideología soviética y a partir de 1959 con Fidel Castro. La gran mayoría de ellos nunca fue militante soviético ni agente secreto del bloque socialista. Aunque hubo algunas excepciones.

Agencias federales de Estados Unidos, la CIA en especial, ansiaban tener más libertad de operación en México, la cual deseaba eliminar la vigilancia o supervisión que ejercía sobre sus agentes la Secretaría de Gobernación.

NACE LA DEA

Al arrancar la década de los años setenta, con la efervescencia del *rock and roll* y el desarrollo de la cultura *hippie*, en Estados Unidos ocurren dos fenómenos que ayudan a materializar parcialmente los anhelos de la CIA: se incrementa el número de consumidores de drogas —mariguana y heroína— y emergen jóvenes, intelectuales y líderes civiles que se oponen a las políticas bélicas de Washington, como las que aplicaba la Casa Blanca en esos momentos en Vietnam, y al intervencionismo antisoviético en América Latina.

Richard Nixon enfrentó el primer fenómeno creando una dependencia federal dedicada exclusivamente a combatir el trasiego internacional de estupefacientes —debido a que entre 1970 y 1972 Estados Unidos se convirtió en el principal importador de heroína y mariguana en el mundo—.

Washington le hizo frente al segundo fenómeno asignando en México un mayor número de agentes de la CIA y del FBI como integrantes de su personal diplomático en la embajada y en los consulados.

El 1° de julio de 1973, luego de varios meses de audiencias públicas en el Congreso, y de la posterior aprobación en las dos cámaras, Nixon promulga la ley para transformar la Oficina de la Aplicación de la Ley contra el Abuso de las Drogas (BNDD, por sus siglas en inglés) en la Administración Federal Antidrogas (DEA).

Al nuevo organismo federal, que depende directamente del Departamento de Justicia, le asignan seis tareas "inobjetables" en la lucha contra el tráfico de drogas, según lo define el reporte especial del 16 de octubre de 1973, que la Casa Blanca entregó al Comité de Operaciones Gubernamentales del Senado:

1) Poner fin a las rivalidades entre las agencias federales que socaven la aplicación de la ley federal contra las drogas, especialmente la que existía entre la BNDD y el Servicio de Aduanas.

2) Otorgar al FBI su primer papel significativo en el combate a las drogas, al solicitarle a la DEA que aprovechara la experiencia del FBI en su lucha contra el crimen organizado para diseñar un proyecto contra los narcóticos.

3) Proveer a la lucha federal contra las drogas un plan central de coordinación con las autoridades estatales, locales y con fuerzas policiales extranjeras.

4) Contar con un solo administrador a cargo de la lucha federal contra las drogas para que haga de la DEA una entidad confiable, salvaguardando siempre el castigo a la corrupción y a los abusos de autoridad.

5) Consolidar las operaciones de combate a las drogas en la DEA y crear la División de Narcóticos en el Departamento de Justicia, para maximizar la coordinación entre investigadores y fiscales federales, con el propósito de eliminar rivalidades entre ellos.

6) Colocar a la DEA como una "superagencia" proveedora del *momentum* que se necesita para coordinar todos los esfuerzos federales relacionados con el combate contra las drogas,

fuera del Departamento de Justicia y de manera especial en la recolección de información de inteligencia sobre el tráfico internacional de narcóticos.

En cumplimiento de uno de los seis mandatos, Nixon nominó a John A. Bartels como el primer administrador de la DEA, confirmado en ese puesto con mucha facilidad por el pleno de la Cámara de Senadores. Pero el nacimiento de la DEA no fue suficiente para contener la demanda y el consumo de drogas en Estados Unidos.

LLEGAN LOS AGENTES ANTINARCÓTICOS

En agosto de 1973 el presidente estadounidense y el Capitolio recibieron un estudio en el cual se estableció que desde 1972 a la fecha de la elaboración de dicho reporte se había incrementado 40% el tráfico de heroína café procedente de México, respecto de la cantidad de heroína blanca que llegaba de países asiáticos.

Ante tan alarmante realidad, el gobierno de Nixon presionó al de México para incrementar la colaboración en el combate al narcotráfico, pero condicionándola a la tutela de la DEA. Para sacar adelante su proyecto, Estados Unidos aludió al acuerdo bilateral e internacional en materia consular para enviar a México a los primeros agentes de la DEA. Aunque este argumento diplomático al principio no fue suficiente, ya que el gobierno mexicano se rehusaba a aceptar la presencia de los policías antinarcóticos extranjeros en el territorio nacional.

Entre agosto de 1973 y enero de 1974, el gobierno de Nixon acorraló al de Luis Echeverría Álvarez para que abriera las puertas del país a las recién iniciadas labores policiales y de investigación de agentes de la DEA. Así, en enero de 1974 Nixon anunció que Echeverría Álvarez "solicitó" al gobierno de Estados Unidos "asistencia técnica" para contener el tráfico hacia el norte de la heroína café.

En respuesta a la "petición urgente de ayuda" por parte del gobierno de México, de forma expedita (luego de meses de consultas y negociaciones secretas) surgen los instrumentos legales denominados acuerdos ejecutivos. Con la firma de estos documentos por parte de los gobiernos de ambos países, el 26 de enero de 1974 se formaliza la presencia y las actividades policiales en territorio mexicano de los agentes de la DEA.

Operación SEA/M

La primera acción de los agentes antinarcóticos de Estados Unidos en México se dio al cobijo del lanzamiento de la OPERACIÓN SEA/M (Actividad Especial de Aplicación de la Ley en México), llevada a cabo en el estado de Sinaloa para contener el tráfico de opio y de heroína café.

Los acuerdos ejecutivos tienen la característica de que con base en el artículo 98, párrafo x, de la Constitución Política de los Estados Unidos Mexicanos, el Poder Ejecutivo posee la facultad de suscribir compromisos bajo su responsabilidad de conducción de la política exterior, sin que los mismos deban ser sometidos a la consideración del Congreso de la Unión. Por consiguiente, los ciudadanos, la opinión pública y los investigadores no tienen la oportunidad de revisar y analizar las facultades que el Poder Ejecutivo de México concede y autoriza a los agentes de la DEA en su papel como investigadores extranjeros. Esta circunstancia conlleva a que se desconozcan las limitaciones y los objetivos reales dentro del territorio mexicano de los agentes antinarcóticos estadounidenses.

22

Se especula que en su primera operación dentro del territorio mexicano la DEA envió a Sinaloa a un primer grupo de 15 agentes, entre ellos a tres integrantes que se establecerían en la embajada en la Ciudad de México como coordinadores generales.

OPERACIONES INICIALES

En febrero de 1974, con la anuencia del gobierno de Echeverría Álvarez, en el estado de Guerrero la DEA lanza la llamada Operación Endrun, enfocada a la interdicción de mariguana y de heroína. Días después, ahora con la intención de aplicarse en todo el territorio mexicano, la DEA inicia la Operación Tridente, presuntamente, en colaboración con el gobierno mexicano, para contener el tráfico ilegal y la manufacturación de drogas.

Con la protección legal de las operaciones SEA/M, Endrun y Tridente, entre el 26 de enero y el último día de marzo de 1974, se considera que la DEA logró colocar en México por lo menos a 20 de sus agentes que se distribuyeron por varios estados del país.

Aunque secretos, los acuerdos ejecutivos firmados por Echeverría Álvarez contienen una condición que por una extraña razón todos los gobiernos posteriores se han encargado de hacer del conocimiento de los mexicanos: que los agentes de la DEA no están autorizados para portar armas de fuego cuando operen dentro de las jurisdicciones aéreas, terrestres y marítimas de México.

Los acuerdos que le abrieron las puertas del territorio mexicano a la DEA están bajo el resguardo de la Secretaría de Relaciones Exteriores. Conforme a la constitucionalidad mexicana, le corresponde a la Subsecretaría para América del Norte de dicha dependencia garantizar el cumplimiento de lo sustentado en materia de condicionamientos por parte de los agentes federales de Estados

Unidos, e incluso autorizar el incremento de los mismos conforme a los intereses nacionales.

"Pese a que la lucha contra las drogas en México tenía cierto éxito, las tres operaciones iniciales no lograron evitar en el largo plazo el desarrollo y establecimiento en México de poderosas organizaciones del tráfico de drogas", admite la DEA al hacer un recuento de su historia en los textos publicados en su página de internet.

FUNCIONES DE UN AGENTE DE LA DEA

Los agentes de la DEA que trabajan en México gracias a los acuerdos ejecutivos deben acatar los mandatos del Programa de Recolección de Información de Inteligencia, como lo establecen los estatutos fundacionales de la dependencia a la que pertenecen.

La misión de un agente de la DEA consiste en elaborar y entregar informes a sus jefes en Washington; establecer y mantener una buena relación con todas las agencias (nacionales y extranjeras) que produzcan o utilicen información de inteligencia relacionada con el tráfico y la producción de drogas; incrementar la eficiencia en la recolección, análisis, almacenamiento, extracción e intercambio de información de inteligencia, y revisar de manera continua lo obtenido para identificar y corregir deficiencias.

La DEA divide en tres categorías su labor de recolección de información de inteligencia: táctica, operacional y estratégica.

La táctica se encarga de proporcionar información de inteligencia en tiempo real, que respalde investigaciones para identificar a los traficantes y el desplazamiento de las drogas.

La operacional consiste en hacer análisis de información de inteligencia que contribuyan a establecer y definir las estructuras de las organizaciones del trasiego de las drogas.

Y, por último, la estratégica se focaliza en el desarrollo de imágenes (satelitales) actualizadas de todos los sistemas de vigilancia global para detener el cultivo, la producción, el transporte, el tráfico y la distribución de drogas alrededor del mundo.

Por estos mandatos los agentes de la DEA que se encuentran en México mantienen una relación de trabajo y comunicación con sus contrapartes nacionales. Esta cooperación es más obligatoria que opcional.

Con frecuencia los agentes estadounidenses organizan seminarios y talleres de capacitación en diferentes materias y áreas de la lucha contra las drogas, con el objeto de actualizar en ello a sus contrapartes de México. Estos cursos se imparten en centros de adiestramiento de Estados Unidos.

Una vez que se ganan la confianza de los investigadores, funcionarios, militares y policías mexicanos, los agentes de la DEA comparten con ellos algunos de los datos que poseen con información de inteligencia respecto de alguna investigación en particular. En otros casos les facilitan equipos y materiales especiales en la lucha contra el narcotráfico y el crimen organizado, frente a su limitación legal de poder hacer arrestos de criminales en el territorio mexicano.

En este contexto, desde el 26 de enero de 1974 a la fecha, los agentes de la DEA en México llevan a cabo investigaciones, labores policiales y actividades legales —que no siempre son así— en la lucha contra los cárteles del narcotráfico.

2

Los informantes

—¿Qué hace un agente de la DEA inmediatamente después de ser asignado a México?

Mike Vigil, quien posiblemente es uno de los ex agentes de la DEA con mayor experiencia en materia de investigación en México, hace una pequeña pausa antes de contestar.

—Tener contacto con las autoridades mexicanas y armar una buena red de informantes para penetrar a los cárteles del lugar donde te hayan asignado.

Los informantes, más que la relación y la colaboración con las autoridades, son la brújula y la columna vertebral del trabajo en el extranjero de un agente de la DEA.

Los informantes son personajes oscuros y misteriosos que caminan al filo de la navaja. Un informante de la DEA puede ser un policía municipal, estatal o federal, corrompido por el narcotráfico; un vendedor de periódicos que conoce todos los movimientos criminales de la colonia o del barrio, o bien cualquier persona. Pero la fuente secreta de información más valiosa de un agente estadounidense es un integrante del crimen organizado y/o de algún cártel de las drogas. En otras palabras, el informante ideal para un agente antinarcóticos de Estados Unidos es un criminal.

CÓMO CONSIGUEN INFORMANTES EN MÉXICO

Mike Vigil llegó a Hermosillo, Sonora, apenas comenzado el año 1978. Era su primera asignación oficial como agente de la DEA en México. Antes, como miembro de la oficina regional de esa dependencia en Arizona, había entrado a territorio mexicano en calidad de "agente encubierto", como parte de operaciones especiales para detener el tráfico de mariguana y heroína. Esto, claro, sin el permiso de las autoridades mexicanas.

—No existe una guía oficial sobre cómo conseguir a los informantes —explica Vigil—. En Estados Unidos los informantes son personas acusadas de delitos relacionados con el narcotráfico, o de otros delitos asociados a los narcóticos, quienes para librarse de una larga sentencia están dispuestos a cooperar y por ello delatan a sus cómplices o mienten acusando a sus enemigos.

—¿Cómo se consigue un informante en México?

—Es muy extraño. No es nada similar a lo que pasa en Estados Unidos. Muchas veces conseguimos a los informantes porque nos los presentan los policías mexicanos. O porque ellos mismos se comunican por teléfono, o mandan una carta a las oficinas de la DEA en la embajada en la Ciudad de México ofreciendo su colaboración como informantes.

Siempre los peticionarios aseguran que tienen datos importantes sobre un cártel o un narcotraficante muy influyente. Los más de 12 agentes y ex agentes de la DEA que fueron consultados por el autor admiten haber contratado por lo menos a un informante, quien se comunicó directamente con ellos para ofrecer sus servicios.

"Pueden ser impostores enviados por un cártel para denunciar las actividades de sus enemigos. Otros buscan engañarnos para no molestar al cártel con el que trabajan. Y claro, algunos son charlatanes en busca de dinero fácil; pero como agente de la DEA no debes descartar a nadie. Cualquier información puede ser útil", revela un agente de la DEA que pidió no ser identificado porque sigue trabajando en México.

Cuando una persona se comunica con la DEA porque dice que quiere ser un informante, se canaliza la información y se hace un cotejo de ésta con la base de datos respecto de la organización a la que dice pertenecer el delator. También se corroboran los datos con otros informantes involucrados en el trasiego de las drogas.

Sandalio González fue jefe de la oficina regional en El Paso, Texas, una de las más importantes de la DEA en Estados Unidos. Estuvo dos años en México, de 1987 a 1988, y en los libros de la historia de la dependencia estadounidense se le reconoce por haber participado en una operación especial en Costa Rica el 4 de abril de 1985, la cual culminó en el arresto del narcotraficante mexicano Rafael Caro Quintero, acusado de orquestar en Guadalajara, Jalisco, el asesinato del agente de la DEA Enrique *Kiki* Camarena.

—¿Cuánto tiempo tarda un agente de la DEA en manejar y controlar a un informante? —se le cuestiona a González.

—Lleva tiempo y muchas veces la información que nos dan no nos interesa. Antes de contratarlo y después de comparar la información que entrega un aspirante a informante, se elabora un reporte que se envía a Estados Unidos para saber si existen datos compatibles con el contenido del expediente. Si es compatible se le dice que sí y se considera la posibilidad de comenzarle a pagar.

—¿Qué hacen con la información que reciben y que no les interesa?

—Se elabora un informe y se le pasa a la policía mexicana, si el caso es en México; pero si es en otro país se envía a nuestras oficinas en esa nación, por ejemplo a Guatemala o a Colombia.

Documentos anónimos y pago
a informantes

La oficina de coordinación de las operaciones de la DEA en México se encuentra en la embajada de Estados Unidos en el Distrito Federal. A ésta, según los entrevistados, llegan con frecuencia muchos documentos "anónimos", pero algunos obtienen muchos detalles sobre las actividades del narcotráfico, de un narcotraficante en particular, aunque también sobre policías o funcionarios públicos mexicanos que supuestamente colaboran con criminales.

El protocolo que se aplica a los documentos anónimos es simple: se investigan los datos y cuando se trata de información "valiosa" se "arma un caso" (encausamiento judicial) de investigación en torno a ella, sujeto a las leyes de Estados Unidos.

Uno de los contenidos más comunes de los documentos anónimos que recibe la DEA en México es la ubicación de pistas clandestinas de aterrizaje y de narcobodegas, de acuerdo con la explicación que proporcionan los agentes.

Si los satélites de espionaje de Estados Unidos, por medio de su Servicio de Posicionamiento Geográfico (GPS, por sus siglas en inglés), ubican las narcobodegas o las pistas de aterrizaje clandestinas, la DEA comunica la información a las autoridades mexicanas para que actúen en consecuencia.

Una vez que se confirma la información —o parte de ésta— que proporciona alguien que aspira a ser informante, el agente de la DEA asignado al caso se reúne personalmente con el solicitante.

Vigil explica que hay informantes que pasan información a los agentes estadounidenses y también a los mexicanos. Pero los más valiosos, quienes poseen información "delicada y fidedigna" sobre un cártel específico o de un capo importante, y que de manera exclusiva colaboran con la DEA, tienen una característica muy especial: "Nos dicen que no quieren trabajar con el gobierno de México porque desconfían de las autoridades y por eso se vienen a trabajar con la DEA. Saben que nosotros les vamos a pagar una cantidad de dinero en dólares, más que las autoridades mexicanas, y que pueden confiar en nosotros sin temor a traiciones", dice Vigil.

—¿Cuánto se le paga a un informante?

—Se les pagaba por cada caso. Pero todo depende de la calidad del mafioso al que denuncie o de la cantidad de droga que se confisque con los datos que entregan. Muchas veces se les da dinero para viáticos, si se tienen que desplazar por el interior del país para ir a negociar o a tratar una compra [de droga] con narcotraficantes.

Ninguno de los agentes consultados pudo especificar la cantidad promedio de dólares que como pago recibe un informante en México, aunque dicen que es superior a los 500 dólares mensuales, y puede llegar como máximo hasta los 7 000 dólares.

Joe Baeza, quien en 2008 concluyera su tercera asignación como agente de la DEA en México, resume de esta forma el trabajo de inteligencia en la lucha contra el narcotráfico: "Todo lo que hace la DEA está sustentado en la colaboración con los informantes; gracias a ellos están en la cárcel o muertos narcotraficantes como Juan García Ábrego y Pablo Escobar".

—¿Se puede decir que un informante de algún agente de la DEA en México tiene salario fijo?

—No es salario fijo, es un pago por caso y todos los pagos los tiene que aprobar el supervisor. Naturalmente, los agentes siempre quieren dar más dinero a sus informantes para que mejoren la colaboración. Sin embargo, es el supervisor quien fija la cantidad de pago para un informante.

EL NÚMERO DE INFORMANTES

—¿Cuántos informantes puede manejar en México un solo agente de la DEA? —se le pregunta a Vigil.

—Unos 25, 30 o más. Depende de la situación, del cártel o del narcotraficante del que se trate —responde.

El número de informantes que según Vigil llega a utilizar un agente de la DEA en México no coincide con lo que mencionan otros de sus colegas.

En Mérida, por ejemplo, sostiene uno de los agentes entrevistados, con el compromiso de mantenerlo en el anonimato, el promedio de informantes que controla un agente es de 10 a 20.

En Sinaloa, explica otro entrevistado, se opera con un número promedio de informantes que va de 35 a 40. Joe Baeza sostiene que cada agente se hace cargo de unos 13 a 20 informantes.

En Ciudad Juárez, Chihuahua, la cifra que proporcionó otro de los agentes de la DEA asignado a México llama la atención por lo abultado: "Más de 50, siempre", afirmó. La oficina de Ciudad Juárez de la DEA tiene entre cuatro y cinco agentes.

Sandalio González relata que durante sus años de trabajo en México sólo manejó de cinco a 15 informantes. No obstante, hace una acotación para exponer la magnitud de la necesidad que tiene la DEA de contar con una buena y nutrida red de informantes a lo largo de los más de 3 500 kilómetros de frontera que Estados Unidos comparte con México: "En El Paso la DEA y el FBI, juntos, deben tener unos 300 informantes, y éstos se mueven en los dos lados de la frontera".

Cuando González fue jefe de la oficina de la DEA en El Paso tenía bajo su responsabilidad la coordinación de 80 agentes.

Existe una sola certeza por encima de las imprecisiones respecto del número de informantes que maneja un agente de la DEA en México. Que la cifra exacta de los informantes la tienen en las oficinas centrales de la DEA en Washington, en el Departamento de Justicia, en el Departamento de Estado y en el Pentágono.

"Todo lo que se sabe de un informante, sus datos personales, la información que entrega y cuánto dinero gana y ha ganado, se almacena en un expediente que se integra a la base de datos y a los archivos de agencias federales y del Departamento de Estado", explica González.

Contactos con informantes

Conscientes de que son vigilados por las autoridades mexicanas, los agentes de la DEA que trabajan en el país procuran reunirse con sus informantes en lugares públicos. Según ellos, esto sirve para dar la impresión de que el informante no es valioso.

Los encuentros se llevan a cabo en restaurantes, cafés, torterías, puestos de tacos; en los supermercados, en un Oxxo; en cantinas, bares y hoteles, y en las oficinas regionales de la DEA o en la propia embajada en el Distrito Federal.

Cuando la DEA sabe que sus informantes poseen información "muy importante y delicada", los citan en sus oficinas regionales o en la embajada, para evitar filtraciones al gobierno mexicano.

—¿Tiene la DEA informantes dentro de las prisiones mexicanas? —se le pregunta a González.

—No, y no creo que existan porque no hay manera de hablar con ellos sin que se enteren las autoridades mexicanas —responde—. En México es difícil que un agente de la DEA logre hablar con sus informantes sin que se entere el gobierno. Se puede, claro, pero para eso hay que gastar más dinero, pagar a los policías o a los dueños del lugar donde se hace la reunión.

—Tú sabes, en México todo se arregla con dinero —indica otro agente que aceptó la entrevista con la condición de no revelar su nombre y apellido.

"Hay casos en los que de pronto pierdes el contacto con un informante y descubres que las autoridades mexicanas lo arrestaron después de que se reunió contigo. Que lo tienen incomunicado y que ya lo torturaron o que ya está desaparecido porque no quiso darles la información, o porque se las dio y querían ocultar la evidencia."

—Te tienes que quedar callado sabiendo que la investigación que llevabas a cabo con el informante detenido ya no va a ningún lado —cuenta otro agente que trabaja en una de las oficinas de la DEA en el sur del país.

Analizando la descripción que hacen los agentes antinarcóticos de Estados Unidos respecto de las características de "sus informantes", es fácil concluir que las fuentes de información que tiene la DEA en México provienen de las filas del mismo narcotráfico.

Los agentes de la DEA caminan sobre un hilo muy delgado que se puede reventar por muchas y simples razones.

—¿Tienen miedo a la traición de los informantes?

Antes de contestar, González suelta una carcajada que suena un poco nostálgica.

—El libro de reglas de la DEA te dice que no hay que tenerle confianza a nadie —González vuelve a sonreír y hace una mueca que parece expresar amargura, tal vez por algún recuerdo que quisiera borrar, eliminarlo de los anales de su labor como policía antinarcóticos, pero no lo revela—. En este tipo de trabajo siempre existe ese peligro. A México, después del asesinato de Camarena, se le consideró un país de alto riesgo. Lo que pasó con Camarena fue algo excepcional: ningún traficante o criminal que tenga tres dedos de frente va a querer asesinar a un agente de la DEA o a otro policía de Estados Unidos. Con Camarena cometieron un error que obviamente no iban a querer repetir porque Estados Unidos les cayó con todo.

Procesamiento de datos y ejecución de "soplones"

Como parte del trabajo de un agente de la DEA en México se cuenta la tarea de documentar minuciosamente todos los datos de cada uno de sus informantes.

Se investigan sus antecedentes penales, se les toman huellas dactilares para confirmar que sean quienes dicen ser; al mismo tiempo se analiza toda la información que proporcionan y los datos sobre los narcotraficantes a quienes están denunciando. Asimismo se les interroga sobre los motivos por los que quieren filtrar información.

A quien asegura que lo hace solamente por dinero, o porque está en contra del narcotráfico, la DEA lo somete a una investigación más rigurosa.

La regla de oro en la DEA dice que se deben tener todas las garantías posibles sobre la autenticidad de la información que se obtenga por parte de los informantes.

De esta manera, sin avisarle al informante, la DEA investiga y vigila a toda su familia, registra el lugar donde vive, identifica e investiga a sus amigos, amantes y hasta a dueños y clientes de los lugares que frecuenta para divertirse o hacer compras.

En otras palabras, el informante, su familia, amigos y hasta conocidos quedan fichados por parte del gobierno estadounidense. Una vez elaborado su expediente, se guarda una copia en los archivos de las oficinas en México y se envía otra Washington.

Pero la DEA no es la única entidad del gobierno de Estados Unidos que lleva a cabo la investigación del informante. Por ejemplo, el FBI se encarga de tomarle las huellas dactilares y la CIA colabora con otros detalles de la pesquisa y durante varios días se dedica a vigilar y a seguir al "sujeto".

En el mundo del narcotráfico nadie está exento de peligro, como quedó demostrado con la narcoviolencia indiscriminada que se desató por todo el país en el sexenio de Felipe Calderón. Es posible que frente a esta realidad los más vulnerables sean los "soplones", apelativo con el que los capos del narcotráfico identifican en México a los informantes de la DEA. Pero nadie dentro del gobierno de Estados Unidos dice saber cuántos informantes de la DEA han muerto o desaparecido a manos del narcotráfico, de la policía, de las fuerzas armadas o por órdenes de un político.

Los agentes de la DEA que están y han estado en el país rechazan dar cifras o hacer cálculos sobre el asesinato o la desaparición de informantes; aunque no niegan esta realidad.

El agente Baeza relata la tragedia de uno de sus informantes.

—A mí me tocó el caso de un informante que era técnico. Nos apoyaba con información de ciertos tipos de comunicación por radio. Era un informante que nos decía qué clase de radios usaban en el cártel para comunicarse. Y con estos datos nosotros podíamos interceptarlos.

"Lo mataron; a él y a su hijo. Su hijo era un menor, un niño de 13 o 14 años. El informante tenía como 40 años. Era del Cártel de Guadalajara; el cártel lo mandó matar."

Sin informantes, ningún agente de la DEA que esté en México puede saber a ciencia cierta qué ocurre dentro de las redes del trasiego de las drogas. Todos los casos de captura o eliminación de los grandes capos de la droga de México son resultado de la larga cadena de datos que los informantes proporcionan a la DEA e incluso al gobierno mexicano.

Para que la cuña apriete —como dice el viejo y conocido refrán— tiene que ser del mismo palo, por eso cada año los agentes de la DEA que trabajan en México gastan cientos de miles de dólares en la compra de información y en el reclutamiento de informantes.

"No soy soplón ni traicionero"

Es cierto que algunos narcotraficantes de peso han rechazado convertirse en informantes de la DEA una vez que son capturados o extraditados a Estados Unidos. Se niegan pese al ofrecimiento de que si cooperan serán tratados con benevolencia en el juicio y no recibirán condenas severas. El caso más ilustrativo es el de Juan García Ábrego.

Detenido a las afueras de Monterrey, Nuevo León, el 14 de enero de 1996, García Ábrego, líder del Cártel del Golfo, quien fue extraditado a Estados Unidos, se negó a convertirse en informante de la DEA. Durante los ocho meses que duró su proceso judicial en una corte federal de Houston, Texas, la DEA intentó convencer a García Ábrego de que llegara a un arreglo con ellos.

Los de la DEA querían que el capo del narco mexicano les diera información sobre las operaciones del Cártel de Sinaloa y de los jefes de cárteles contrarios, amén de la lista de los funcionarios del gobierno de México que tenía en su nómina. A cambio, la DEA le ofreció ayudarlo para que su condena no fuera tan severa.

"No soy soplón ni traicionero", le dijo García Ábrego a uno de los agentes de la DEA que intentó convencerlo. No hubo nada ni nadie que hiciera cambiar de opinión al jefe del Cártel del Golfo.

En represalia por su negativa a convertirse en informante de la DEA, el 31 de enero de 1997 el juez federal Ewing Werlin sentenció a Juan García Ábrego a 11 cadenas perpetuas sin derecho a libertad condicional, luego de haber sido declarado culpable de 22 delitos federales relacionados con tráfico de drogas, lavado de dinero y corrupción.

La sentencia a García Ábrego incluyó una multa de 128 millones de dólares y la confiscación de bienes y cuentas bancarias por unos 350 millones de dólares más.

Otros narcotraficantes que han caído en manos de la justicia sueñan con ser informantes de la DEA, como Jesús Vicente Zambada Niebla, *El Vicentillo*. Este presunto narcotraficante, hijo de Ismael *El Mayo* Zambada García, segundo en el escalafón de mando en el Cártel de Sinaloa, fue detenido por las autoridades mexicanas porque no se cumplió su deseo de ser informante de la DEA. La misma dependencia federal estadounidense se lo entregó al gobierno de Calderón.

La madrugada del 18 de marzo de 2009 *El Vicentillo* fue detenido por las autoridades mexicanas en la Ciudad de México. Unas horas antes de su arresto se había reunido en una habitación del hotel Sheraton con dos agentes de la DEA: Manuel *Manny* Castanon y David Herrod.

Documentos desclasificados del proceso judicial que se le sigue al *Vicentillo* en la Corte Federal del Distrito Norte, en Chicago, Illinois, exhiben las intenciones del hijo del *Mayo* Zambada de convertirse en informante de la DEA. Su propósito era incluso traicionar al Cártel de Sinaloa, a cambio de "inmunidad" frente a los delitos de lavado de dinero y tráfico de drogas que le imputa el Departamento de Justicia de Estados Unidos.

Cómo operan ilegalmente

El caso de Zambada Niebla es tal vez el más revelador sobre los métodos legales y violatorios de la ley mexicana a los que recurren agentes de la DEA en México para reclutar informantes.

Uno de los documentos desclasificados ante el juez federal Rubén Castillo —a cargo del proceso judicial contra *El Vicentillo*—, con fecha 3 de junio de 2005, explica el reclutamiento como informante de la DEA del abogado mexicano Humberto Loya Castro. Más que una prueba de las promesas que hacen los agentes de la DEA a sus informantes, el expediente es una clara muestra de la relación que existe entre el gobierno de Estados Unidos y el Cártel de Sinaloa.

Loya Castro está identificado como abogado y confidente de los líderes del Cártel de Sinaloa, Joaquín *El Chapo* Guzmán Loera, *El Mayo* Zambada y Juan José Esparragoza Moreno, *El Azul*.

Por medio de una declaración firmada bajo juramento, el agente Castanon explica que su relación con Loya Castro inició en 2005, cuando fue asignado a la oficina de la DEA en Hermosillo, Sonora. "Mi misión fue la de reclutar a un informante [Loya Castro] que por varios años ya había pasado información a la DEA y al Servicio de Inmigración y Control de Aduanas de Estados Unidos [ICE, por sus siglas en inglés, dependiente del Departamento de Seguridad Interior]", se lee en el documento expuesto ante la corte federal.

Antes de iniciar sus contactos con Loya Castro, los jefes de Castanon le aclararon que "el objetivo" era un criminal, en contra de quien había un encausamiento judicial por delitos relacionados con el tráfico de drogas en la Corte Federal del Distrito Sur en California, vigente desde 1995. Los cargos contra Loya Castro eran cosa del pasado y Castanon recibió la orden de "trabajar en el extranjero [México] con el fugitivo de la ley de Estados Unidos".

En el documento con el cual Loya Castro se convierte en informante de la DEA, bajo la coordinación directa de Castanon, el abogado del Cártel de Sinaloa firmó el acuerdo aclarando que se comprometía a "proporcionar información al gobierno de Estados Unidos sobre las actividades del narcotráfico en México sin recibir nada a cambio". El acuerdo con el que Loya Castro se convierte en informante de la DEA está firmado por el fiscal federal Todd W. Robinson, en representación del Departamento de Justicia, y por dos testigos; uno de ellos es Castanon.

Aunque Loya Castro en el papel subraya que no quiere nada a cambio de la información que se compromete a proporcionar, de manera extraña la Corte Federal del Distrito Sur en California anuló el encausamiento que tenía en contra del abogado del *Chapo*.

Desde el 3 de junio de 2005 hasta el 18 de marzo de 2009 la DEA no había ayudado al gobierno de México a asestar ningún golpe significativo al Cártel de Sinaloa. Es decir, hasta antes del arresto del *Vicentillo*, por lo que la relación entre Loya Castro y la DEA ha sido catalogada como un acuerdo tácito de protección a la organización criminal que comandan *El Chapo* y *El Mayo*, por parte del gobierno de Estados Unidos.

Durante esos cuatro años de relación entre Loya Castro con la DEA, por medio de Castanon y hasta antes del arresto del *Vicentillo*, los golpes más connotados al narcotráfico de México fueron contra los cárteles de Tijuana, del Golfo, de Juárez y de la Familia Michoacana; es decir, se concentraron sólo en los enemigos del Cártel de Sinaloa.

EL CASO DEL *VICENTILLO*

De acuerdo con el testimonio de Castanon ante el juez Castillo, fue el 30 de enero de 2009 cuando Loya Castro le habló por primera vez de las intenciones de Zambada Niebla de convertirse en informante del gobierno de Estados Unidos. Al agente de la DEA le pareció "atractiva" la propuesta que le presentó Loya Castro.

Antes de irse a Hermosillo, los jefes de Castanon lo habían actualizado sobre los procesos judiciales en Estados Unidos en contra de los jefes del Cártel de Sinaloa, entre los cuales se encontraban dos encausamientos formulados desde 2003 contra *El Vicentillo*; uno en Washington y el otro en Chicago. Conforme a lo que establecen los procedimientos para el caso del reclutamiento de "informantes significativos", Castanon, antes incluso de decirle a Loya Castro que le interesaba la propuesta, consultó a su colega

Steve Fraga, el agente a cargo del caso en la capital de Estados Unidos contra el hijo del *Mayo* Zambada.

La luz verde para platicar con *El Vicentillo* la recibió Castanon unos días después de su conversación con Fraga. Hubo una condición impuesta por el Departamento de Justicia: que no le hiciera ningún tipo de promesas a Zambada Niebla. "La orden fue explorar el tipo de información que pudiera proporcionar para ver si ésta conllevaría a otros casos criminales. Que habláramos poco y más bien lo dejáramos hablar a él", se lee en la declaración firmada por Castanon.

El 10 de marzo de 2009, dos días antes de la detención del *Vicentillo*, Loya Castro se comunicó con el agente de la DEA para abordar los posibles lugares del encuentro con el aspirante a convertirse en informante. El recuento de los hechos sostiene que el agente de la DEA notificó al abogado del Cártel de Sinaloa que de darse la reunión, ésta tendría que celebrarse en la Ciudad de México.

El expediente indica que el 15 de marzo de 2009 Castanon se comunicó con Loya Castro para notificarle que la entrevista con Zambada Niebla sería el 18 de marzo en un hotel de la capital. Pero el mismo día que Castanon habló con Loya Castro para darle la fecha de la reunión, la DEA le entregó al gobierno de México al hijo del *Mayo* Zambada.

Dos altos funcionarios de la Secretaría de Relaciones Exteriores (SRE) que hablaron con el autor bajo la condición del anonimato aseguran que representantes de la DEA en la capital del país fueron directamente a notificar a las autoridades mexicanas la fecha y el lugar donde Castanon se reuniría con Zambada Niebla. "El acuerdo fue que se le detuviera después de que terminara la entrevista entre *El Vicentillo* y la DEA", aseguró uno de los funcionarios de la SRE.

"El 17 de marzo aproximadamente a las tres de la tarde llegué a la Ciudad de México acompañado por el agente David Herrod.

Luego nos reunimos con el agente Fraga", dice la declaración juramentada de Castanon. Una vez en las oficinas de la coordinación de la DEA en México dentro de la embajada estadounidense,
David Gaddis, el director regional para el Distrito Federal de la
DEA, recibió a Castanon y a Herrod con una pequeña sorpresa que
podría significar un cambio inesperado en los planes para reunirse
con El Vicentillo.

Gaddis preguntó a los dos agentes si habían visto y leído un
despacho que ese día publicaba el periódico El Porvenir. La nota
periodística informaba que agentes de la DEA viajaban a la Ciudad
de México para reunirse con jefes del narcotráfico. Era obvio que
alguien había filtrado al periódico la información sobre la reunión
del Vicentillo con Castanon. ¿Quién? ¿La SRE? ¿La DEA? ¿Loya Castro? ¿El Vicentillo?

Nadie ha respondido a estas preguntas. Pero a través del recuento de los hechos se pueden obtener varias conclusiones:
"Gaddis nos dio la orden de cancelar la reunión", escribe Castanon en su declaración ante el juez, a quien también explica que
los mandos de la DEA en la capital mexicana tenían la sospecha de
que fueron los mismos jefes del Cártel de Sinaloa los que dieron
el pitazo a El Porvenir.

Luego de recibir la orden de Gaddis, Castanon se comunicó
por teléfono con Loya Castro para informarle que se cancelaba el
encuentro con el hijo del Mayo Zambada. Como buen abogado,
Loya Castro argumentó que antes de decir la última palabra tenían que hablar personalmente. El agente de la DEA aceptó, con la
condición de que se vieran en el hotel Sheraton. En el expediente
del caso en Chicago se consigna este relato de Castanon:

Aproximadamente a las 11 de noche el agente Herrod y yo nos
reunimos con la confidential source —fuente confidencial; en este caso
Loya Castro— en el lobby del hotel.

Lo llevamos a la habitación de Herrod y le enseñé el artículo del periódico; le dije que no podíamos reunirnos con Zambada Niebla en ese momento y que el encuentro se cancelaba hasta nuevo aviso.

[Loya Castro] se puso muy nervioso y nos dijo que la reunión tenía que llevarse a cabo porque él personalmente estaba a cargo de Zambada Niebla.

Nos explicó que se había comprometido con Zambada Niebla y con Zambada García a que el encuentro se llevaría a cabo.

Los de la DEA le insistieron al abogado del *Chapo* que el asunto estaba cerrado, que no habría reunión y punto.

Al relato de los hechos entregados al juez Castillo le faltan algunos detalles, porque de la negativa a la insistencia de Loya Castro se salta a otro acontecimiento ocurrido 75 minutos después de la llegada al hotel de los policías antinarcóticos estadounidenses: "Aproximadamente a las 12:15 (ya del 18 de marzo) el agente Herrod regresó a la habitación del hotel; estaba acompañado por Loya Castro y por Zambada Niebla".

"Herrod me dijo que Loya Castro había regresado al hotel con Zambada Niebla", narra Castanon antes de asegurar que le dijo al *Vicentillo* que la reunión no tenía valor porque no estaba autorizada por ningún fiscal federal ni por sus jefes. El agente Castanon, en su testimonio ante la corte federal, escribió:

Zambada Niebla respondió que entendía eso, pero que sólo quería decirme en persona que era en serio lo de su decisión de cooperar con nosotros, y que haría lo que fuera necesario para lograr un acuerdo con el gobierno de Estados Unidos.

Habló del encausamiento en su contra en Washington y dijo estar dispuesto a cooperar con el gobierno con tal de que se le anularan los cargos. Le expliqué en qué consisten los procedimientos de cooperación con la DEA y que para hacerlo teníamos que sentarnos a negociar varias veces, y que en ese momento no teníamos la autorización para reunirnos con él; que además la última palabra sobre qué tipo de acuerdo podríamos establecer tenía que salir de los fiscales y no de mi persona.

El Vicentillo no aceptaba la negativa de los agentes de la DEA, él quería un acuerdo para convertirse en informante. Castanon explicó que para dar una solución eventual al asunto, le propuso al *Vicentillo* la realización de otros encuentros en algún otro país, fuera de México, e incluso en Estados Unidos.

"Concluimos la entrevista hablando sobre lugares posibles para celebrar la primera reunión. Si es que teníamos una. Le dije que me pondría en contacto con Loya Castro si es que había interés de reunirnos con él. Ahí terminó el encuentro; al día siguiente (el mismo 18 de marzo) me enteré de que Zambada Niebla había sido arrestado durante la madrugada por militares mexicanos", subraya la declaración juramentada del agente de la DEA.

En el curso de las audiencias previas al juicio contra el hijo del *Mayo* Zambada, el juez Castillo, luego de revisar miles de "documentos clasificados" del gobierno de Estados Unidos, anunció que desechaba el argumento de Zambada Niebla del supuesto acuerdo de inmunidad. A diferencia del caso de Loya Castro, no existe ningún documento firmado por la DEA y *El Vicentillo* en el cual se concreten y definan los servicios de informante por parte del hijo del *Mayo*.

A partir del fallo del juez sobre el argumento de la inmunidad, la estrategia de defensa legal del *Vicentillo* cambió radicalmente.

TRAMA DE TRAIDORES Y MENTIRAS

Se habla de que el acusado busca llegar a un acuerdo con el Departamento de Justicia. Y de esta eventualidad se desprende también la especulación de que *El Vicentillo* buscó a la DEA por órdenes tal vez de su padre, o del *Chapo*, para sacrificarse algunos años en la cárcel a cambio de que, como se puede palpar en el acuerdo entre la DEA y Loya Castro —que inicio en junio de 2005—, el gobierno de Estados Unidos deje trabajar en paz al Cártel de Sinaloa. Con la premisa de que en reciprocidad tendrían información importante sobre el trasiego de las drogas que llevan a cabo otros cárteles.

Es casi imposible saber qué tipo de relación o compromiso —si existe como tal— tiene la DEA con el Cártel de Sinaloa.

Es un hecho que la dependencia estadounidense sigue manteniendo una comunicación directa con Loya Castro, y por medio de este abogado de alguna manera habría contacto con los mandos del Cártel de Sinaloa. Por la declaración jurada de Castanon ante la corte federal en Chicago hasta se puede pensar que todo es una trama de traiciones y mentiras entre la DEA, *El Mayo*, *El Chapo*, el gobierno mexicano y *El Vicentillo*.

En otro pasaje del testimonio de Castanon, el agente cuenta que en una conversación telefónica que sostuvo con Loya Castro, en octubre de 2010, el informante le aseguró que ni *El Chapo* ni *El Mayo* sabían que no existía un acuerdo de inmunidad entre la DEA y Zambada Niebla. En otras comunicaciones telefónicas que se llevaron a cabo entre el 14 de agosto y el 1° de septiembre de 2011, Loya Castro incluso le ofreció a Castanon que, de ser necesario, estaba dispuesto a viajar a Estados Unidos para aclarar ante el juez Castillo el argumento del *Vicentillo* y del supuesto acuerdo de inmunidad al que llegó con la DEA en la capital mexicana, el cual no existe.

3

Agentes encubiertos

Si se quiere resumir la misión de un agente de la DEA en México deben destacarse sus dos propósitos principales: parar el trasiego de las drogas hacia Estados Unidos y desmantelar a los cárteles del narcotráfico.

Para alcanzar estas metas, Mike Vigil dice que se deben hacer muchos sacrificios, entre ellos "arriesgar el pellejo".

—¿Por qué?

—Muy fácil, se tienen que realizar operaciones encubiertas. Cuando un agente de la DEA se hace pasar por un gringo que quiere comprar droga y negocia directamente con los narcotraficantes —subraya Vigil.

El trabajo de un agente encubierto —como casi todo lo que hace la DEA en México— se sustenta en la audacia y la eficacia de los informantes. Vigil asegura que para que un agente de la DEA se pueda "relacionar con un mafioso", sus informantes deben ser la parte mediadora. Al informante le corresponde engañar al cártel o al narcotraficante que busca vender mercancía a un "gringo".

Es justamente el "soplón" quien debe convencer al proveedor de que le va a presentar a un traficante de Estados Unidos, a un narco gringo que distribuye mariguana, heroína, cocaína, metanfetaminas o cualquier otro tipo de enervantes en la Unión Americana.

"Tienes que pensar como mafioso"

Los agentes de la DEA entrevistados dicen que "no es muy difícil" que un informante engañe a los proveedores o a todo un cártel. Así lo explica uno de ellos:

> Por lo regular el informante arregla las primeras reuniones con los distribuidores del cártel y no con los jefes. No puedes hacerte pasar por un comprador de droga al mayoreo en el primer encuentro; provocarías muchas sospechas. Tienes que ganarte poco a poco la confianza del narco para poder llegar a los jefes; no hablo del líder del cártel porque eso es muy difícil y casi imposible.
>
> Los narcotraficantes son empresarios, no pendejos, como dicen ustedes los mexicanos.

Vigil, por su parte, apunta que cuando se trabaja en una operación encubierta los agentes de la DEA deben trabajar en pareja o individualmente. La prudencia y la calma son factores elementales para un agente encubierto en México. No hay lugar para titubeos ni para indiscreciones porque los errores son fatales, por lo menos para el caso de los informantes, quienes son la carne de cañón en la guerra de la DEA contra el narcotráfico internacional.

"Si el informante es bueno, la reunión con un narcotraficante se puede arreglar en cuestión de unos cuantos días", cuenta Vigil.

—¿Dónde se realizan las reuniones de un agente encubierto con un narcotraficante?

—Tienes que pensar como mafioso, debes hacerte pasar por un mafioso y tienes que convencer al vendedor de droga que tú también eres un narco. ¿Dónde se reúnen los narcotraficantes en México? En cantinas, restaurantes; en un coche, en un hotel.

"Una vez que el informante te presenta al mafioso, en el lugar que sea. El agente se presenta a la reunión en compañía del

informante, pero éste nunca debe intervenir durante las negociaciones, a menos que sea necesario; como en el caso de que el
narcotraficante tenga dudas sobre la identidad del comprador de
la droga."

José Baeza es muy pragmático en su respuesta cuando se le
cuestiona sobre la labor en México de un agente encubierto. "Siempre, todo el trabajo de la DEA está sustentado en la colaboración
con los informantes", asegura. Echarse a la bolsa al narcotraficante
o a sus socios, para un agente de la DEA es una tarea muy fácil, si
su informante está muy metido con el cártel al que se esté investigando.

"Como agente de la DEA tienes que conocer exactamente los
puntos vulnerables de la gente del cártel con la que deseas tener
una reunión. Y claro, todo eso lo descubres gracias al trabajo del
informante o de los informantes que tengas metidos en dicha organización criminal", dice Baeza.

La materia prima para un juicio

Otros agentes de la DEA consultados sobre el tema coinciden en
que un agente encubierto no necesariamente se tiene que reunir
con un vendedor o distribuidor de droga. Puede ser el que trasla-
da dinero dentro de México, o de Estados Unidos a México; un
sicario, un contador, un abogado, o alguien con otro tipo de posición dentro del cártel. Eso sí, el agente encubierto tiene que ganarse la confianza absoluta del objetivo "para que te abra la puerta
y facilite la investigación". O sea, un narcotraficante que hable,
que entregue información fidedigna de cómo el cártel para el que
trabaja lleva a cabo las operaciones del tráfico de droga. Estos datos son, para cualquier agente de la DEA, la materia prima para
elaborar un procedimiento judicial en Estados Unidos en contra

del jefe o los jefes de los cárteles y del contacto directo conseguido por el informante. Un agente asignado de la DEA que trabajó en México más de seis años y que ahora está asignado a un país de Asia, explica:

> En todos los encausamientos judiciales que se hacen en operaciones encubiertas, el primer acusado es el jefe o los jefes del cártel. No importa que el contacto con quien te presentó el informante en la operación encubierta ni siquiera conozca el nombre de su jefe directo, ni que nunca haya visto al líder del cártel; el primero en ser encausado es el líder de la organización.
>
> Por eso es que en Estados Unidos hay posiblemente cientos de encausamientos en contra de *El Chapo*, *El Mayo*, Vicente Carrillo Fuentes (del Cártel de Juárez) o cualquier otro jefe de un cártel. Tu trabajo es investigar y acusar... Demostrarlo es tarea del Departamento de Justicia.

Como agente encubierto en México, Vigil fue uno de los hombres más exitosos y osados de la DEA. En varias ocasiones "arriesgó el pellejo"; tal como él mismo lo dice, lo cual le reconocen tanto colegas en su país como funcionarios y ex funcionarios en el gobierno mexicano que lo conocen.

—¿Cómo se inicia un negocio de compra de droga con un narco en una operación encubierta? —se le pregunta a Vigil.

—Antes que nada, el narcotraficante quiere ver dinero. El agente siempre debe llevar suficiente dinero al lugar de la entrevista; el monto depende de la cantidad de droga que el informante previamente estableció con el mafioso o con el cártel. Pero siempre se lleva bastante dinero, miles, millones. Todo tiene que ser en dólares.

—¿De dónde sale el dinero que usa un agente para una operación encubierta?

—Lo tiene que solicitar a la oficina en México, pero si la cantidad es muy grande el dinero se le pide a la oficina central en Washington.

El dinero se deposita en la cuenta bancaria de un banco mexicano, el agente lo saca y, de ser necesario, lo usa. Todo el dinero que se moviliza en una operación encubierta se tiene que registrar en un documento por el cual el agente se hace responsable; pero si algo sale mal en la operación, los jefes en Washington son los responsables de la pérdida del dinero. Depende del caso y de las circunstancias que se dieron para la pérdida de ese dinero.

—¿Se ha perdido mucho dinero en operaciones encubiertas en México?

—No conozco la cantidad exacta, pero sí ha ocurrido; no creo haya sido mucho el dinero perdido. Las operaciones encubiertas implican muchos riesgos; pero además las pérdidas no son únicamente monetarias, pero también hay pérdidas humanas.

El protocolo para la compra de un cargamento de droga bajo una operación encubierta exige dar garantías al narcotraficante de que hay dinero para respaldar la operación. En algunos casos los agentes de la DEA tienen que dar un enganche para generar confianza en el proveedor. Con dinero ya en el bolsillo del traficante, por adelantado, hay más posibilidades de éxito.

Sólo deben aprehender las autoridades mexicanas

Cuando un agente encubierto tiene amarrada la compra y la entrega de la droga, "debe y tiene" que comunicarse con las autoridades mexicanas. Los agentes de la DEA no tienen autorización para llevar a cabo detenciones de criminales en territorio mexicano; se limitan a investigar y a preparar el terreno para que sean las autoridades de México las que hagan el trabajo de detener a

51

los criminales. Lo contrario implicaría una violación a la soberanía mexicana y a la Constitución de México.

La coordinación con las autoridades mexicanas para llevar a cabo arrestos de narcotraficantes en operaciones encubiertas es, según los agentes de la DEA, la cosa más sencilla.

"Te presentas en el lugar de la entrega de la mercancía, vas acompañado de tu informante, pero a tu alrededor ya están colocados de manera estratégica y con mucha antelación los policías federales o los militares. Entregas el dinero y es ahí cuando aparecen los policías o los soldados.

"El factor sorpresa es muy importante para el éxito de la operación; por eso debes ganarte la confianza del narcotraficante", explica un agente de la DEA, a quien no se puede identificar porque con esta condición aceptó la entrevista.

—¿Existe en la DEA una cantidad límite de dólares para llevar a cabo las operaciones encubiertas? —se le insiste a Vigil.

—Todo depende del caso. En Panamá, por ejemplo, nosotros no teníamos mucho dinero en la oficina regional para cumplir con una operación encubierta y en una ocasión requeríamos urgentemente mucho dinero. Necesitábamos tres millones y medio de dólares. Desde Washington nos dijeron que no podían mandar el dinero en el tiempo que lo necesitábamos, así que la CIA nos hizo el préstamo y gracias a ello la operación fue un éxito.

"Para el caso de México es igual, no existe una regla. Puede ser un millón, dos millones, diez, lo que sea. Pero normalmente en México no se usan los *flash* [pago total por adelantado, como se hace en otros países de América Latina]; muchas veces tratas de convencer a los narcotraficantes de que te hagan la entrega antes de mostrarles todo el dinero, aunque les aseguras que tienes toda la plata que piden por el cargamento."

El valor agregado del éxito de una operación encubierta va más allá del arresto de los narcotraficantes. En este sentido, el agente

Baeza considera muy importante que de una operación encubierta se obtenga información de inteligencia:

Conocer los métodos de operación del cártel, cómo trabajan, quiénes trasladan la droga. Si el cártel tiene conexiones en Centro y Sudamérica, quiénes son los socios, qué negocios tienen y qué frentes usan para encubrir el movimiento de los narcóticos y para lavar dinero. Los narcotraficantes detenidos son reemplazados por otros; en el negocio del tráfico de drogas nadie es indispensable.

Las dificultades en México para una operación encubierta de la DEA empiezan con las autoridades del país. Sandalio González destaca uno de los varios aspectos de esta contrariedad burocrática: "Los agentes asignados en México están registrados ante el gobierno. Todos tienen una identificación que emite la Secretaría de Relaciones Exteriores y las placas de los autos en que se mueven también están registradas por las autoridades".

Siempre vigilados por las agencias federales mexicanas, los agentes de la DEA eluden regularmente a sus colegas por medio del cambio de automóviles que no tienen placas diplomáticas.

González explica:

Los agentes de la DEA siempre andan en los autos oficiales, aunque toman ciertas precauciones. Por ejemplo, se arregla para que un chofer o un colega nos deje a una distancia moderada del lugar donde sabemos que nos vigilan. Nos bajamos del auto, caminamos y damos vueltas por la cuadra para ver si nos están siguiendo todavía. Cuando nos sentimos libres, subimos a otro auto que no tenga placas oficiales, y listo. Son precauciones que se toman para escapar de los policías mexicanos que te vigilan.

Hay otro aspecto importante y riesgoso que cada agente de la DEA debe tomar en cuenta para una operación encubierta: el manejo del informante o los informantes que pertenecen al mismo cártel al que se le va comprar la droga.

González asegura que "no hay manera de controlar a los informantes, porque pueden ser arrestados en la misma operación encubierta, ya que los policías mexicanos no confían en ellos. Pero en realidad lo que quieren es que dejen de trabajar para nosotros y que se vuelvan informantes suyos. Y si se trata de un informante importante lo convencen con el ofrecimiento de convertirlo en testigo protegido".

Cuando esto ocurre, el agente de la DEA queda incapacitado para controlar lo que el informante pueda decir a las autoridades mexicanas.

"Regularmente le mienten a la policía mexicana; los informantes saben que no hay confianza entre las autoridades mexicanas y nosotros, por eso hay mucho problema de corrupción. Ha habido casos en que el informante logra comprar a los policías federales a nombre del cártel; aunque parezca increíble, esto pasa en México, y con mucha frecuencia", cuenta el agente de la DEA que ahora trabaja en Asia.

"EN ROMA ACTÚA COMO ROMANO"

Los preparativos que debe hacer un agente de la DEA para llevar a cabo una reunión con un narcotraficante no parecen ser tan complicados. El informante o los informantes se encargan prácticamente de toda la logística: el lugar, la hora, la cantidad de droga que se pretende comprar, el costo de ésta y el monto del enganche. Al agente de la DEA le corresponde engañar al criminal, pues debe convencerlo de que es un narco gringo y un delincuente ambicioso y dispuesto a todo, igual que él, con la promesa de que al negociar con él se le abrirán las puertas del mercado de una zona importante en Estados Unidos.

54

—¿Cómo se viste un agente de la DEA en México para realizar una operación encubierta?

Antes de contestar, Baeza suelta una larga carcajada.

—Como narco, obviamente. Aunque quiero explicar que hasta esto ha cambiado mucho en México. El narco de Guadalajara de los años ochenta es muy diferente al narco de estos días.

"Hace 30 años los narcos eran más elegantes; usaban mocasines italianos, pantalones importados, camisas de seda importadas y sacos sport, también importados. Siempre con relojes de marca, Rolex o Cartier, una esclava de oro en la muñeca de la mano izquierda. El modelo a seguir eran los mafiosos italianos. Ahora la imagen de los narcos requiere el uso de botas de vaquero de pieles de animales exóticos, pantalón de mezclilla de marca, cinturón piteado, cadenas en el cuello, esclavas de oro, camisas de seda, sombrero o tejana de muchas equis.

"Ocurre algo muy curioso en México dentro del mundo del narcotráfico: de la misma forma como se visten muchos narcos también se visten los policías federales. Y los agentes de la DEA también lo tienen que hacer así para las operaciones encubiertas. Cuando estés en Roma, actúa como lo hacen los romanos."

La vestimenta de un agente de la DEA en México cuando no está participando en una operación encubierta se puede definir como "informal"; la excepción la hacen los que están asignados a las oficinas ubicadas dentro de la embajada en el Distrito Federal porque tienen que presentarse a trabajar vestidos de traje.

RELATO DE UNA OPERACIÓN ENCUBIERTA

Con lujo de detalle, Mike Vigil da cuenta de una de sus primeras operaciones encubiertas como agente de la DEA en México, a comienzos de la década de 1980:

La situación era difícil porque la Policía Federal mexicana no entendía que en algunas ocasiones las operaciones encubiertas llevan tiempo, que los casos duran mucho tiempo y que sólo así pueden ser más exitosos. Ellos estaban impuestos a lo rápido, querían hacer inmediatamente los arrestos. No tenían la paciencia para desarrollar la investigación, no estaban bien entrenados en las labores policiales, y eso a mí me desesperaba.

Yo tenía un informante, quien en una ocasión me dijo que podía arreglarme un negocio con unos narcos en Caborca [Sonora]. Cuando estuve asignado a la oficina de Hermosillo, la plaza de Caborca era uno de los lugares dominados por el grupo de Rafael Caro Quintero y por su hermano Miguel.

Este informante me presentó a dos hermanos, quienes me dijeron que eran ganaderos. Yo les dije que era un gringo de Arizona que quería comprar mariguana. Me atendieron muy bien y me aseguraron que podían ayudarme. Nos arreglamos con una carga de dos toneladas de mariguana. Quedamos en que me comunicaría con ellos y que regresaría a más tardar en una semana por el encargo.

Toda la operación la coordiné con Carlos Peniche, quien era el comandante de la Policía Judicial Federal en la plaza de Hermosillo. A Peniche le platiqué cómo estaba el acuerdo con los dos "ganaderos" y quedamos en mantenernos en contacto para poder agarrarlos el día de la compra del cargamento de mariguana.

Hablaba con mucha regularidad con los dos ganaderos. Recuerdo que pusimos una fecha para comprar la carga. Un día antes de ir a comprar la mariguana fui a buscar al comandante Peniche pero no lo encontré. Al parecer estaba muy ocupado con unas "damas de la noche"; se perdió unos días junto con unos miembros del Ejército y no me pudo atender. Después me enteré de que ese día de la fiesta Peniche mató a un soldado.

Yo me llevaba bien con él; era chaparrito, delgadito, con el pelo como chino. Después fue a parar a la cárcel. Cuando pude localizarlo

me coordiné con él y la Policía Judicial Federal me prestó una camioneta con caseta —que había confiscado— para ir a recoger las
dos toneladas de mariguana.

Regresamos a Caborca en la fecha acordada con los dos hermanos
ganaderos. Me citaron con el informante en un restaurante. El local
estaba junto a una gasolinera. Antes de entrar analicé perfectamente
el lugar; me di cuenta de que los baños estaban afuera, cerca de las
bombas de la gasolina.

Yo llevaba el dinero, aunque no era el que me habían pedido por
las dos toneladas de mariguana. No recuerdo la cantidad exacta pero
era mucho dinero el que llevé a la reunión. Arreglé fajos de dinero con
billetes de 100 dólares al frente y abajo. En medio coloqué billetes
de un dólar.

Me acomodé los fajos de billetes en los calcetines y en la cintura
para poder enseñárselos a los dos mafiosos. Era un truco. Llegamos
al restaurante y al mismo tiempo que nosotros llegaron los dos tipos.
Uno de ellos me dice que le dé las llaves de la camioneta y le dice al
informante: "Tú te vienes conmigo". Y a mí: "Tú te quedas acá con
mi hermano, en el restaurante". El informante y el otro mafioso se
fueron a cargar la mariguana en la camioneta.

Dentro, ya sentados en una mesa, pedimos algo para comer y nos
tomamos unos tragos. Primero cerveza y después unos tequilas, pero
pasó una hora, dos horas y ya se estaba haciendo de noche sin que se
concretara la operación.

De repente me doy cuenta de que se acerca un policía federal y
por la ventana me hace señas de que ya estaban perdiendo la paciencia; casi, casi, preguntando a qué hora comenzaba la acción.

Justo en ese momento el mafioso que estaba conmigo me dice:
"Si eres federal te vamos a desplumar aquí mismo". Yo no me espan-
té; le dije que cómo me hacía ese tipo de bromas y lo convencí. Pasó
otra media hora. Y entonces me dice: "Voy al baño", y se sale. Yo
me salí con él porque conozco muy bien a los federales mexicanos y
tenía temor de que todo lo echaran a perder.

Llegando al baño se le acerca un policía federal al mafioso y le pone la pistola en el pecho, pero el mafioso saca su pistola y le dispara al federal; le da un tiro y lo mata.

Las cosas pasan como en cámara lenta: el mafioso, a quien yo tenía como a dos metros de distancia, me apunta y me dispara dos tiros. Entonces intercambiamos disparos, él cae y luego los policías federales llaman a la Cruz Roja; ya estaba muriéndose cuando lo subieron a la ambulancia.

Antes de que se lo llevaran, cuando ocurrió el incidente, del restaurante comenzó a salir la gente al oír los disparos. También en ese momento el otro mafioso arrancó el motor de la camioneta y con el informante a su lado se acercó a los baños donde estaba yo y el otro mafioso en el suelo. En cuestión de segundos llegó la Policía Federal y le empezaron a tirar con las ametralladoras.

El mafioso da un volantazo, avanza unos metros y salta de la camioneta. Se echa a correr. No sé cómo, pero se les escapó a los federales por un buen rato. Luego lo atraparon.

El recuerdo del incidente de la corretiza al narcotraficante provoca la risa de Vigil, quien en medio de las carcajadas dice: "El narco que salió corriendo dejó la camioneta con la mariguana y con mi informante a bordo".

El agente de la DEA salió ileso pese a los dos tiros que le lanzó a muy corta distancia el narcotraficante que mató al federal mexicano, antes de caer abatido por los disparos del policía estadounidense. "Sólo murió un hermano, pero él no me hirió. Fue muy rápido. Los hermanos trabajaban directamente con el grupo de Caro Quintero. Así son las operaciones encubiertas; yo iba a lugares muy aislados con informantes para que me presentaran a mafiosos", concluye Vigil.

Contraespionaje narco

Engañar a los narcotraficantes mexicanos
se encargan de vender o entregar cargam
muy difícil, según los agentes de la DEA. L
capos de alto rango porque, al igual que los policías estadouniden
ses, también utilizan a los informantes para saber los movimientos
de la DEA y de las agencias federales mexicanas. El narcotráfico
practica una especie de contraespionaje para infiltrarse en la DEA.

En México, para hacerse pasar por un narco gringo no es necesario hablar perfectamente español. El informante también sirve
para corregir el idioma durante las negociaciones con los mafiosos, como les dice Vigil a los narcotraficantes.

—¿La mayoría de los agentes de la DEA que están en México
son de origen latino? ¿Ayuda a la DEA que sus agentes tengan rasgos latinos y que hablen español?

—Siempre ha habido muchos agentes de origen latino en México; así debería de ser por tratarse de un país de habla hispana,
pero no es un requisito. A los agentes que solicitan irse a México
se les pide que hablen español, pero a los que son blancos [anglo-
sajones] a veces les ayuda su aspecto para las operaciones encubiertas, aunque los narcotraficantes mexicanos prefieren negociar
con los latinos; creo que les tienen más confianza.

"La transferencia a otro país dentro de la DEA es voluntaria; para
lograrla, el interesado tiene que solicitar la asignación, aunque sé
que ahora México no es una plaza muy solicitada por parte de
los agentes", concluye Sandalio González.

4

El narcotráfico en los años setenta

Con un poco de nostalgia, cuatro agentes de la DEA rememoran sus años de trabajo en México para desmantelar al narcotráfico en la década de los setenta.

"Era algo problemático porque se trabajaba casi siempre de manera encubierta", recuerda Mike Vigil. Este agente de la DEA, ahora jubilado y dedicado a la asesoría privada sobre asuntos de seguridad, llegó a Hermosillo, Sonora, a principios de 1978.

"Guadalajara, Culiacán, la sierra de Guerrero y Hermosillo eran, creo yo, las plazas más importantes del narcotráfico mexicano en 1975. Ese año llegué por primera vez a México; me mandaron a trabajar al estado de Jalisco", dice bajo la condición del anonimato otro agente de la DEA jubilado hace 14 años.

Los agentes de la DEA entrevistados para la elaboración de este capítulo, dos de los cuales estuvieron en Jalisco, —Vigil en Hermosillo y el otro en Culiacán—, señalan que la Policía Judicial Federal (PJF) de ese entonces fue un obstáculo importante para combatir al narcotráfico, pero también la plataforma para la formación de los primeros grandes cárteles y de sus líderes.

"Había mucha corrupción entre los elementos de la Policía Judicial, tanto a nivel estatal como federal", subraya otro agente que también exigió que no se revelara su identidad.

"En esos años no existía mucho tráfico de drogas, pero quienes lo hacían eran básicamente amigos de los comandantes judiciales", agrega el agente que trabajó en Sinaloa.

La DEA y la PJF

En su análisis sobre el problema del narcotráfico en México hace casi 40 años, Mike Vigil utiliza un lenguaje más diplomático que el de sus colegas al hablar de los policías judiciales:

> En aquellos años todos los agentes de la DEA que estábamos en México viajábamos mucho. Por ejemplo, yo me movía por todo Sonora, iba a Sinaloa, Baja California, Michoacán y Chihuahua.
>
> Organizar y hacer operaciones encubiertas era algo difícil porque teníamos que trabajar con la Policía Judicial Federal, y la verdad no estaba muy bien entrenada en operaciones antinarcóticos, pero además no tenía recursos.

A México los agentes de la DEA llegaron a investigar, infiltrar, engañar y finalmente arrestar a los traficantes de droga. En la década de los setenta el tráfico de estupefacientes a Estados Unidos se concentraba básicamente en dos productos: heroína café (que se hacía con la goma de la amapola) y mariguana.

La primera siembra y cosecha fue en la sierra de Sinaloa y la segunda en la sierra de Guerrero. Aunque también había plantíos en algunos puntos de los estados de la frontera norte como Chihuahua, Sonora, Coahuila y Tamaulipas. Pero estos territorios fungían principalmente como corredores del trasiego de los enervantes, más que como zonas de producción.

En Michoacán, Nayarit y Jalisco también se cultivaba mariguana y algo de amapola, pero de acuerdo con los agentes de la DEA la producción en estos estados era mínima y en algunos casos de muy mala calidad, en lo que se refiere a la amapola.

La DEA —obligada por su situación legal— cooperaba con la PJF en varios operativos antinarcóticos que se llevaban a cabo, aunque esta alianza nunca fue precisamente un trabajo que arrojara buenos resultados. Los policías mexicanos no sabían procesar ni cuantificar el resultado de las investigaciones de sus colegas extranjeros.

"No entendían que algunos de los casos requerían mucho tiempo. Una investigación exitosa implica la inversión de muchas horas de observación, para conseguir informantes y para poder infiltrar a la organización criminal", explica Vigil.

La PJF, pero sobre todo los comandantes de ésta, "estaban impuestos a acciones rápidas y su único propósito era hacer arrestos; no tenían paciencia para el desarrollo y la organización de las investigaciones y no creían en ellas. Un comandante con quien trabajé en varios casos en Culiacán siempre me decía: 'Muerto el perro se acabó la rabia. Para qué quieres hacerle al detective, compadre'", subraya el agente asignado a Sinaloa.

A Vigil le provoca risa recordar sus años de trabajo en México durante la década de los setenta: "No teníamos aparatos adecuados para investigar a los narcos. Nuestra herramienta tecnológica más sofisticada eran los radios, pero la frecuencia y el alcance que tenían eran muy cortos y básicamente se perdían cuando andabas en la sierra", sostiene Vigil.

Metidos como agentes encubiertos en la sierra de Sinaloa, en la de Chihuahua, Guerrero o Sonora, a los policías antinarcóticos de Estados Unidos en algunos casos les tomaba hasta tres días poder comunicarse por teléfono con sus jefes en el Distrito Federal.

"Si estabas en la sierra y habías descubierto un caso importante, un sembradío o laboratorios de amapola [para la elaboración de la heroína], tenías que bajar al pueblo más cercano para comunicarte con los jefes. Eso, si en el pueblo había caseta telefónica. El radio no te funcionaba mucho para conexiones de larga distancia", destaca el agente que trabajó en Sinaloa.

A los narcotraficantes de esos años los agentes encubiertos de la DEA se les presentaban siempre como compradores del producto.

"A veces negociábamos la compra en la milpa, en el mismo terreno donde habían sembrado la amapola o la mariguana. No eran narcos como los de ahora; eran campesinos, sólo que sabían que sembrando amapola o mariguana ganaban más dinero", apunta Vigil.

—¿Era peligroso subir la sierra de Sinaloa o la de Guerrero para arreglar la compra de heroína o de mariguana?

—Siempre era peligroso subir a la sierra, pero los narcos de ese tiempo estaban acostumbrados a que los gringos llegaran directamente a su pueblo a comprarles la mercancía. A algunos mafiosos [auténticos] de mi país los guiaron miembros de la PJF para llegar a las casas de los narcos.

"Los agentes de la DEA viajábamos solos a la sierra, pero siempre íbamos armados, teníamos que tomar precauciones", añade Vigil.

—¿Cuántos agentes de la DEA había en México en los años setenta?

—En Sonora éramos tres. A finales de los años setenta había como 34 agentes en todo México.

LOS PRIMEROS CONTACTOS COLOMBIANOS

La demanda de drogas del mercado estadounidense, por lo menos hasta hace unos 30 años, siempre mantuvo en un lugar privilegiado de sus preferencias a la heroína café y a la mariguana mexicana. Ahora esto ya cambió por la producción de híbridos de varios tipos de mariguana en California, poseedora de una altísima potencia narcótica.

La droga de moda y de mayor demanda en Estados Unidos durante la década de los setenta era la cocaína. Y los amos y señores de la producción, trasiego y distribución del "polvo blanco" eran los narcotraficantes colombianos.

La producción de la hoja de coca en Bolivia, Ecuador y Perú, así como su eventual procesamiento para producir la pasta con la que se elabora la cocaína, era, según el análisis de la propia DEA, una especie de monopolio en manos de los capos colombianos. Entre 1975 y 1978 fueron muy pocos los narcotraficantes colombianos que aprovecharon la frontera norte de México para meter cocaína a Estados Unidos. Quienes lo hicieron pasaron cargamentos pequeños, aunque siempre a través de intermediarios mexicanos.

Al principio la sociedad criminal entre colombianos y mexicanos para el tráfico de cocaína no fue entre narcotraficantes. En los archivos de la DEA existen documentos en los que se registró el arresto de mexicanos que traficaban indocumentados a Estados Unidos, quienes aprovechando su conocimiento de la orografía y con su experiencia en el tránsito a lo largo de la franja fronteriza pasaron cargamentos de cocaína colombiana.

Los dos agentes de la DEA que trabajaron en Jalisco aseguran que fue en Guadalajara donde se detectaron los primeros arreglos entre narcotraficantes colombianos y mexicanos para enviar en sociedad cargamentos de cocaína al mercado estadounidense. Guadalajara era el epicentro del tráfico de heroína y mariguana en México, aun cuando el grupo criminal a cargo de esta actividad no contaba con una estructura sofisticada, en comparación con los que se formaron a principios de la década de los ochenta y los que controlan actualmente el trasiego de los narcóticos.

Todos los narcotraficantes asentados en la Perla Tapatía venían de Sinaloa, la tierra donde se sembraba amapola y una parte importante de la mariguana que se producía en el país. Los agentes consultados relatan casos que podrían provocar un ataque de risa a los narcotraficantes de estos días.

"Había narcos que bajaban en mulas y en burros las cargas de mariguana y de goma [heroína]. Otros mandaban los bultos en camiones de transporte público, entre los pasajeros o metidos en la paja de las jaulas de gallinas y de pájaros. Los más ricos la mandaban en camiones de redilas", explica el agente de la DEA, quien durante varios años se dedicó a rastrear y registrar este estilo de trasiego de enervantes en Sinaloa.

UN INCIDENTE NO DIVULGADO

Uno de los agentes entrevistados bajo la condición de anonimato, describe la situación que prevalecía en aquella época:

En la sierra de Sinaloa se dio un incidente muy lamentable y curioso. Fue a mediados de la década de los setenta, pero no recuerdo la fecha. Un colega mío, Rogelio Guevara, por conducto de uno de sus informantes, se enteró de que unos narcotraficantes iban a bajar una carga importante de mariguana. La iban a llevar a Culiacán.

Guevara se puso de acuerdo con el comandante de la PJF de Culiacán para hacer el decomiso de la droga y el arresto de los que la transportaban. La droga venía en dos camiones de redilas; el informante le había dicho a mi colega que los camiones se tenían que detener en un paraje de la sierra, y que no se iban mover de ahí hasta recibir la orden del contacto que tenían en Culiacán, de que la zona estaba limpia y que se podían salir a la carretera.

El agente de la DEA, el comandante, su grupo de judiciales y otro de soldados llegaron al lugar de la parada de la carga mucho antes que los camiones. Los soldados mexicanos se escondieron en el monte para tapar la retaguardia, en caso de que los narcotraficantes quisieran escapar por donde llegaron.

En el otro extremo del camino estaba Guevara, el comandante y el jefe del grupo de los militares. Su informante venía con los que traían la carga de la sierra.

66

Cuando vieron que los camiones ya estaban bajando, el jefe de los militares le dijo a Guevara que se tenía que quedar adentro de la camioneta en la que iban.

—Nosotros nos encargamos de arrestar a los narcos.

—Aquí me quedo, pero estaré pendiente por si necesitan apoyo —le dijo Guevara al militar.

Al detenerse los camiones con la carga de la mariguana, los policías judiciales les salieron al frente. Todos los policías apuntaron a los camiones con sus rifles y pistolas.

—Bajen con las manos en alto y tiren las armas; están rodeados —gritó el comandante de la PJF.

Hubo una pequeña confusión como de unos dos minutos, porque cuando gritó el comandante los soldados que estaban en la retaguardia tardaron en aparecer. Y fue en este momento que a Guevara se le ocurrió salirse de la camioneta. ¡Grave error!

Pistola en mano, Guevara se acerca a uno de los camiones y ¡pum! Uno de los que iban en uno de los camiones le mete un tiro en la cabeza.

Entre los soldados y los judiciales controlaron la situación y arrestaron a todos los narcotraficantes. A Guevara lo llevaron al hospital. La herida fue grave pero tuvo suerte; no sólo vivió sino que se recuperó y siguió trabajando.

—¿Este incidente se difundió en la prensa?

—No, porque Guevara salió con vida y se hizo todo lo necesario para mantener la información en reserva.

Para tener la confirmación de primera mano sobre este caso, el autor buscó a Guevara, a quien conoce desde 1991. Sin embargo, este agente de la DEA, quien ya está jubilado y vive en Los Ángeles, California, rechazó hablar sobre el incidente en el que resultó herido en la sierra de Sinaloa.

SURGEN LOS PRIMEROS CAPOS

Ávido conocedor de la franja fronteriza del norte de México, Vigil sostiene que a mediados de los setenta los cargamentos de cocaína que se confiscaban a los mexicanos que hacían el trabajo de mulas en la zona limítrofe eran de uno a dos kilos.

—¿Quién era el narcotraficante que manejaba más cocaína en esos años? —se le pregunta a Vigil.

—Miguel Ángel Félix Gallardo, *El Padrino*, que dominaba Guadalajara y manejaba cargamentos de 100 y 200 kilos. En esos años jamás se hablaba de toneladas, como ahora.

En sus primeros años de presencia y operación en México, los casos de investigación de los agentes de la DEA en más de 70 por ciento estaban relacionados con la producción y el tráfico de heroína. Había laboratorios en Durango, Chihuahua, Guerrero, Guadalajara, Tampico y Lázaro Cárdenas, entre los más sobresalientes en el tráfico de las drogas.

Antes de la llegada a México de los agentes de la DEA, en Sinaloa sobre todo, la amapola se sembraba al despoblado, en las milpas, como se hace con el maíz y otros productos agrícolas.

El agente de la DEA que estuvo asignado en ese estado afirma que durante esos años se hablaba incluso de que elementos de la PJF se encargaban de proteger la producción de amapola en las tierras que pertenecían a los grandes narcos de la época, quienes eran amigos o socios de comandantes, gobernadores, generales del Ejército, presidentes municipales o políticos influyentes de la región.

"Poco después de que llegamos a México y arrancaron los programas de erradicación de la siembra de amapola, los narcos comenzaron a explotar las tierras de los montes. Debajo de los árboles era muy difícil localizar las plantas desde una avioneta o desde un helicóptero en el aire", subraya el agente.

El narcotráfico mexicano, durante las presidencias de Luis Eche-verría Álvarez y López Portillo, no estaba catalogado como un problema de seguridad nacional. La indiferencia con la cual se abordaba el asunto, según los dos agentes que trabajaron en Jalisco, contribuyó a que la corrupción se extendiera entre la PJF, los mi-litares y los funcionarios públicos a nivel estatal y federal.

"A Félix Gallardo no lo consideraban un criminal peligroso; se paseaba libremente por todo Guadalajara y se movía por el país como si nada. Nosotros tomamos algunas fotos de él, que proba-blemente ya fueron destruidas, donde se le veía acompañado de políticos del estado, del comandante de la PJF y hasta en algunas ocasiones del general a cargo de la zona militar de la región. To-dos eran sus amigos", relata uno de los agentes.

El Padrino era prácticamente el dueño de Guadalajara, "y fue él quien encaminó por la misma ruta a Rafael y Miguel Caro Quin-tero, entre otros narcos connotados de Sinaloa, quienes se hicie-ron poderosos con el paso del tiempo", destaca el otro agente de la DEA, quien durante su paso por Jalisco dedicó su carrera a inves-tigar a Félix Gallardo.

Muchas de las fotografías que llegaron a circular en algunos medios de comunicación, y que todavía se publican cuando se ha-bla de Félix Gallardo, fueron tomadas por agentes de la oficina regional de la DEA en Guadalajara o por sus informantes.

"Miguel Ángel y Rafael Caro Quintero se dieron cuenta de que con dinero podían comprar a todas las autoridades, y así se lo dije-ron a sus socios de Colombia; por eso fueron creciendo en poder y en la diversificación del trasiego de drogas. Cuando comenzó la década de los ochenta se puede decir que se consolidó el primer verdadero cártel del narcotráfico de México, el de Guadalajara, de Félix Gallardo", remata el agente antinarcóticos estadounidense.

Durante la década de los setenta la corrupción por narcotráfi-co era vista como algo normal. Los judiciales federales y los del estado controlaban las plazas; es decir, si un narco quería operar sin tener inconvenientes ni problemas con la ley, tenía que pagar una cuota semanal, quincenal o mensual al comandante, al jefe de la zona militar o al presidente municipal. Las autoridades mandaban en las plazas, no como ocurre ahora que los narcotraficantes son los dueños y las autoridades sus empleados, aunque siguen recibiendo remuneraciones por sus servicios de protección o por hacerse de la vista gorda ante el tráfico de droga, pero están incapacitados para arrebatarles el poder a los criminales.

Operación encubierta con judiciales corruptos

Vigil desvela los pormenores de un incidente que le ocurrió durante una operación encubierta, en la cual, sin decirlo, exhibe el grado de corrupción por narcotráfico que permeaba entre las agencias policiales del país y que comenzó a echar raíces en los años setenta, complicando el trabajo de la DEA.

En una ocasión fui a Sinaloa, con un informante que me iba a presentar a un mafioso que manejaba heroína. El encuentro se había arreglado para que se realizara en Culiacán.

Yo tenía muy buena relación con los judiciales federales del estado, y al llegar me reuní con Jaime Alcalá, quien era comandante de la PJF, un buen tipo; a él lo mataron los narcotraficantes después de que se jubiló: entraron a su oficina y lo acribillaron a mansalva.

Había alquilado una habitación en el hotel El Ejecutivo que estaba en el centro de Culiacán. El informante me dijo que lo esperara en el hotel porque tenía que ir a buscar al contacto, y que seguramente el narcotraficante me iba a traer una muestra de la heroína que me quería vender.

Como al llegar a Culiacán yo me había puesto en contacto con Alcalá, él había mandado a varios policías federales al hotel para apoyarme en la operación encubierta, y estaban en la habitación de al lado.

Cuando el informante salió a buscar al contacto, un federal entró a mi habitación. No recuerdo su nombre, pero era un elemento muy bueno, fuerte, grandote y con cara de malo. Este policía fue quien mató a Pedro Avilés Pérez [un narco famoso muy temido en la región de Sinaloa]; se agarró a tiros con él en un retén.

Para cuando regresó el informante al hotel ya me había vuelto a quedar solo en la habitación, pero sabía que los federales que me estaban apoyando se encontraban muy pendientes. Había pasado una hora desde que el informante había ido por el contacto, cuando tocaron a la puerta de mi habitación, antes de abrir me asomé por la mirilla y vi que el informante estaba con otras seis personas.

Al ver que todos traían sombreros pensé que se trataba de mafiosos que pretendían ofrecerme más heroína. Al abrir la puerta me doy cuenta de que todos traen una pistola calibre .45 al cinto. Uno de ellos entra a la habitación y me pregunta: "¿Es usted Miguel?" [nombre que Vigil escogió para la operación encubierta], y al mismo tiempo me toca la cintura y se percata de que yo también llevo mi pistola. La cosa estaba poniéndose muy fea porque de inmediato se pusieron a la defensiva.

El informante estaba muy asustado; pero, bueno, resulta que los seis tipos que llegaron con él no eran narcos sino miembros de la Policía Judicial del estado. Por casualidad vieron al informante en la calle cuando iba a buscar al contacto, y como lo conocían lo levantaron y lo hicieron cantar a la fuerza.

Ese informante era muy listo; nunca les dijo que yo era un agente de la DEA, sino que él estaba trabajando con un gringo que quería comprar heroína. Los judiciales del estado llegaron al hotel con la intención de robarme; dijeron que yo tenía que pagarles un dinero para que me dejaran hacer la transa de la heroína, que si no lo hacía me iban a levantar.

Los policías que mandó Alcalá estaban escuchando todo, pero dejaron pasar un poco de tiempo para que los judiciales se sintieran dueños de la situación. Y de pronto se abrió la puerta y entró primero el judicial grandote que mató a Avilés Pérez. El federal era muy bueno y también muy rápido, porque de inmediato agarró al que me revisó la cintura y en menos de tres segundos ya lo tenía sometido y encañonado.

Agarramos a todos, a los seis policías de la judicial del estado. Una media hora después de que la gente de Alcalá se llevó a los policías de la judicial del estado, el informante fue a buscar al contacto y regresó con él y con la muestra de heroína.

Se hizo el negocio que después facilitó el arresto de este narcotraficante de Culiacán, pero también me enteré, por Alcalá, que los policías judiciales del estado era gente de un grupo contrario del que me llevó la muestra de heroína al hotel.

Supe que a los judiciales los encerraron unos días en la cárcel y que les dieron su calentada, pero nada más, porque luego el informante me dijo que seguían trabajando en las calles de Culiacán, levantando a los narcos enemigos del grupo que les pagaba por agarrar a compradores gringos e inexpertos, como yo.

SIN VIOLENCIA CONTRA LA POBLACIÓN CIVIL

Comparado con el problema del narcotráfico que se vive actualmente en México, se puede decir que el de la década de los setenta hasta era inofensivo, o por lo menos no generaba violencia sobre la población civil que no estaba metida en el negocio de las drogas. El agente de la DEA que en esa época estuvo asignado en Sinaloa afirma que especialmente en lugares como Culiacán, Badiraguato y en pueblos de casi toda la sierra sinaloense "la excepción la hacían las personas que no estaban directa o indirectamente metidas en el negocio de la heroína o de la mariguana, aunque eran muy pocas".

Lo que sí era una realidad, o una regla inalterable, era que los narcotraficantes no se metían con la población civil ajena al negocio de las drogas. Respetaban a los civiles inocentes y honestos.

Sin embargo, en la tierra del narco incluso los niños y las personas de edad avanzada trabajaban en el negocio de las drogas. El agente jubilado describe así esta situación:

> Los niños ayudaban a secar la mariguana, las viejitas y los viejitos también, y a despepar la mota [quitar la semilla a la mariguana]. Los jóvenes trabajaban en la siembra y la cosecha de la amapola y después en el proceso de la goma para obtener la heroína.
>
> Los campesinos que no sembraban ni amapola ni mariguana rentaban o daban a medias [como se dice en el campo mexicano] sus terrenos a los narcos. Es decir, Sinaloa siempre ha sido un estado donde la droga es un modo de vida popular, le duela a quien le duela.

Respecto de la violencia, los agentes consultados consideran que el número de muertos de esos años no tiene comparación con las cifras de estos días, especialmente con los saldos rojos que arroja la lucha contra el narcotráfico del gobierno de Felipe Calderón. El agente que trabajó varios años en Sinaloa, agrega:

> Desde ese tiempo en Sinaloa ya había decapitaciones, se tiraban a la orilla de la carretera torsos sin brazos, se colgaban cabezas en puentes o se dejaban al pie de la puerta de casas o negocios de gente metida en el narco. Lo que ocurrió fue que nadie les daba pelota, como dicen los mexicanos. A la prensa del Distrito Federal no le interesaban esos asuntos; los consideraba como nota roja y pienso que las

autoridades del estado y los de la PJF no permitían que se hiciera mucho alboroto sobre esos crímenes; no les convenía.

Vigil sostiene que este tipo de asesinatos violentos también se cometían en otros estados del norte de México, pero de manera esporádica, pues sólo ocurrían cuando los narcos de Sinaloa iban a cobrar alguna cuenta o a eliminar a un enemigo a Durango, Sonora, Tamaulipas, Chihuahua, o a estados del centro del país como Michoacán y Guerrero. "Se morían los soplones, los narcos, pero no se metían con la población civil ni con las familias de los mafiosos", enfatiza Vigil.

5

Cuando todo cambió: el asesinato de Camarena

Desde su llegada a México y hasta la primera mitad de la década de los años ochenta, la misión de la DEA había sido relativamente exitosa.

Los agentes que estuvieron en el país durante esos años y que se dedicaron a combatir a los recién nacidos cárteles del narcotráfico mexicano, citan únicamente como problema relevante la corrupción de las agencias policiales.

"La corrupción por narcotráfico de los policías de aquellos años no era un problema tan grave como ahora. Porque tampoco era mucha la droga que entraba a Estados Unidos por México. Digamos que era tolerable", afirma uno de los agentes de la DEA que después de casi cinco años de trabajo salió de México en 1983.

Pero la situación cambió radicalmente con el homicidio de un agente de la DEA, Enrique *Kiki* Camarena, nacido el 26 de julio de 1947 en Mexicali, Baja California, asignado en 1981 a la oficina en Guadalajara de la dependencia estadounidense. Mexicano por nacimiento, cuyos rasgos físicos lo constataban, *Kiki*, según varios de sus ex colegas, era un policía valiente y enteramente dedicado a detener el tráfico de las drogas hacia Estados Unidos.

Reconocido por su carácter afable y por su facilidad para relacionarse con cualquier persona, desde que llegó a México, Camarena se dedicó a allegarse una buena red de informantes. La mayoría de ellos trabajaba en el Cártel de Guadalajara, dirigido por

Miguel Ángel Félix Gallardo y Rafael Caro Quintero. Otros informantes de Camarena eran trabajadores agrícolas de Sinaloa, empleados también del Cártel de Sinaloa para la siembra de mariguana y amapola en la Sierra Madre Occidental.

Uno de los agentes entrevistados bajo la condición del anonimato, quien llegó a ser jefe de la DEA en México, dice que a los dos años de trabajar en la oficina de Guadalajara, Camarena contaba con una red de no menos de 25 informantes.

EL DESCUBRIMIENTO DE CAMARENA

A mediados de 1984, precisamente gracias a la información que le entregó una de sus fuentes confidenciales de Culiacán, Camarena se enteró de que Caro Quintero tenía un enorme plantío de mariguana en la sierra de Chihuahua.

"*Kiki* estaba muy emocionado por la información que le dieron, mandó un informe a la oficina en el Distrito Federal y otro a Washington para que le autorizaran hacer un viaje a Chihuahua", recuerda quien fuera jefe de la DEA en México.

Entre su red de informantes, Camarena contaba con un piloto que presumía conocer como la palma de su mano la Sierra Madre Occidental desde el aire. Los distintos agentes que en 1984 trabajaron con la DEA en México aseguran que fue a mediados de ese año cuando Camarena y Zavala llevaron a cabo una expedición aérea de reconocimiento. Su objetivo era identificar y ubicar la plantación de mariguana con las coordenadas que dio el informante. Ese vuelo de reconocimiento que realizaron Camarena y Zavala sobre la sierra de Chihuahua arrojó resultados.

El agente de la DEA y su piloto descubrieron una enorme extensión de tierra sembrada de mariguana. Eran 544 hectáreas de terreno del rancho El Búfalo, en el municipio de Jiménez, a unas dos horas del pueblo Villa Coronado, en la inhóspita sierra chihuahuense. Desde el aire Camarena había tomado varias fotografías de la siembra y anotado las coordenadas precisas de la ubicación del rancho. A su regreso a Guadalajara, inició la elaboración del caso y empezó a idear una operación encubierta para confiscar la droga.

En las semanas y los meses siguientes al descubrimiento, Camarena se concentró en allegarse más datos por medio del mismo informante de Culiacán. Asimismo, puso a trabajar a las otras fuentes confidenciales que tenía infiltradas en la organización de Félix Gallardo y Caro Quintero.

Mientras preparaba el caso y la operación encubierta, Camarena se puso en contacto con las autoridades mexicanas para aparecerse en el momento preciso en el rancho El Búfalo, y así decomisar y destruir la mariguana. Sólo las autoridades mexicanas podían llevar a cabo el decomiso y el arresto de los involucrados.

Acción militar y policiaca en El Búfalo

Aun cuando se habla de que la PJF quería actuar inmediatamente después de que Camarena les hablara del caso del rancho El Búfalo, la DEA recomendó a la Procuraduría General de la República (PGR) actuar con mucha discreción. La propuesta del agente de la DEA fue tomar por asalto el rancho durante la cosecha de la mariguana, después de septiembre.

A Camarena sus informantes lo habían nutrido con mucha información acerca del sembradío de mariguana en Chihuahua. Mientras tanto, en el Distrito Federal y en Washington sus jefes le pidieron actuar con mucho tacto y prudencia. Ésa fue también la recomendación que la DEA le hizo a la PGR y que ésta extrañamente aceptó.

Según los agentes de la DEA consultados, a mediados de octubre o a finales de septiembre se tomó la decisión de que a principios de noviembre se llevaría a cabo el decomiso de la mariguana en el rancho El Búfalo. Así, con la participación de más de 400 soldados, agentes y funcionarios de la PGR, Camarena y Zavala fueron testigos del histórico decomiso de mariguana. Datos oficiales del gobierno mexicano indican que en el rancho El Búfalo se aseguraron cerca de 10 mil toneladas de mariguana ya cosechada.

El valor de la droga que se destruyó fue calculado en unos ocho mil millones de dólares. La DEA, pero sobre todo Camarena, asestó un golpe muy duro al Cártel de Guadalajara y, en lo personal, a Caro Quintero, lo cual prácticamente provocó la desaparición de esa organización.

LA REACCIÓN DE LOS CAPOS

"Ahora sabemos que la gente de Félix Gallardo y de Caro Quintero torturó a muchísimas de las fuentes confidenciales para saber de dónde había salido la información que llegó a manos de la DEA", subraya otro de los agentes que trabajó en México durante esos años. "Torturaron y mataron a muchos dedos [gente que fue acusada de ser informante de la DEA], y sí, lograron descubrir quién fue el culpable y con quién habló. Entre éstos identificaron a *Kiki* y a Zavala", agrega el policía antinarcóticos estadounidense.

El 7 de febrero de 1985, de acuerdo con el libro *Desperados*, de la periodista estadounidense Elaine Shannon, alrededor de las dos de la tarde Camarena guardó su pistola y su "charola" de agente de la DEA en el cajón de su escritorio; iba a comer con su esposa.

La reconstrucción de los hechos de ese día por parte de los otros agentes de la DEA en Guadalajara indica que Camarena salió de la oficina y cruzó la calle para dirigirse hacia su camioneta que tenía estacionada en la acera de enfrente. Camarena desactivó la alarma de su automóvil y abrió la puerta, pero antes de subir fue interceptado por cinco hombres, quienes lo subieron a la fuerza a una camioneta "combi" de la marca Volkswagen, color beige.

Ése fue el último día que los agentes de la oficina de la DEA en Guadalajara vieron con vida a Enrique *Kiki* Camarena.

"A partir de entonces todo cambió. Cambió todo con el se-cuestro de *Kiki*, cambió la manera de trabajar de la DEA en México, la relación con el gobierno, con el Ejército y, obviamente, con todas las policías. Si teníamos poca confianza en las autori-dades mexicanas, ese día simplemente se acabó", afirma el agente José Baeza.

El día que desapareció Camarena también fue secuestrado el piloto Alfredo Zavala. Los cadáveres de ambos fueron localizados cerca de la población La Angostura, en Michoacán, el 5 de mar-zo. Los exámenes que se le practicaron al cuerpo de Camarena determinaron que el agente de la DEA fue severamente torturado, y que a causa de ello perdió la vida unos dos días después de su secuestro. El agente de la DEA fue asesinado por sus captores el 9 de febrero de 1985.

La reacción de la DEA

El gobierno de Estados Unidos acusó a Félix Gallardo y a Caro Quintero de haber ordenado el secuestro, tortura y asesinato de *Kiki* Camarena. La DEA juró que vengaría a su mártir, y lo hizo.

Eventualmente, Félix Gallardo y Caro Quintero fueron dete-nidos gracias a los informantes de la DEA en México y en Cen-troamérica, pero para el gobierno de Estados Unidos la venganza tenía que ser completa. Debían caer todos los implicados en el caso Camarena, costara lo que costara y durara el tiempo que durara.

Baeza llegó a Guadalajara en 1987, además de que ésta fue la primera vez que lo asignaron específicamente a México, dándole la tarea de concentrarse en ayudar a resolver asuntos pendientes del caso Camarena.

Dos años después del asesinato del agente de la DEA, esta dependencia estadounidense tenía la peor de las relaciones con todas las entidades gubernamentales de México.

"Todavía en 1987 todo el trabajo de la DEA en México circulaba alrededor del caso Camarena —explica Baeza—. Todos los que estábamos asignados en México o en la frontera [sur de Estados Unidos] teníamos la orden de investigar cualquier información de inteligencia que llegara sobre los responsables de la muerte de *Kiki*".

El arresto de los involucrados de manera directa o indirecta en el caso Camarena era, asimismo, una tarea de las autoridades mexicanas. Los agentes de la DEA desconfiaban del gobierno mexicano pero por órdenes directas de Washington debían compartir "alguna información" con la PJF, el Ejército y la Marina. Baeza era uno de siete "agentes especiales" de la oficina de la DEA en Guadalajara que en 1987 seguían buscando a los responsables del asesinato de su colega.

"Creo que en ese momento la de Guadalajara era la oficina de la DEA más grande en todo México, con la excepción tal vez de la central en el Distrito Federal, pero porque ahí había empleados administrativos", puntualiza Baeza.

La desconfianza entre la DEA y las autoridades mexicanas era mutua. Los agentes estadounidenses y los jefes de la PJF en la capital mexicana hablaban muy poco. Ambos se ocultaban nombres de informantes, de posibles involucrados en el caso, números telefónicos, direcciones de casas, ranchos, departamentos, cantinas, restaurantes y centros nocturnos que pudieran arrojar pistas para encontrar a "los más buscados".

"Simplemente ya no teníamos la misma confianza de antes con los jefes [de la PJF]. Colaborábamos un poco más con los agentes regionales de la judicial federal, pero porque sabíamos que ellos podrían tener más información sobre las personas a quienes buscábamos y que al mismo tiempo las podrían estar ocultando", subraya el agente Baeza.

—¿Qué tan complicado era investigar en ese ambiente de desconfianza e inseguridad?

—Muy difícil —admite Baeza—. Yo llegaba muy temprano por la mañana a la oficina, y si la noche anterior había llegado información o alguna pista sobre alguien que estaba en Michoacán, por ejemplo, tenía que trasladarme allá. Sin avisarle a nuestros colegas mexicanos.

"En ese tiempo salir de la zona donde estabas era muy complicado; no existía la tecnología de hoy. Sólo nos comunicábamos por radio, pero el rango de comunicación era muy limitado. Fuera de la ciudad no funcionaba."

Los agentes de la DEA señalan que además de cambiar la relación con el gobierno de México a partir del caso Camarena también se modificó el trabajo con los informantes.

Varias de las fuentes confidenciales de los agentes estadounidenses dejaron de entregar información con la misma periocidad con que lo hacían antes del asesinato de Camarena. Algunos de los informantes de la DEA que fueron identificados por la PJF estaban amenazados y en diversas ocasiones entregaron información apócrifa, por instrucción de policías mexicanos.

"Sabíamos que los de la PJF les dijeron a algunos de nuestros informantes que si se enteraban de algo importante y se lo pasaban primero a los gringos, antes que a ellos, la gente del Cártel de Guadalajara se enteraría del nombre de los soplones", comenta otro de los agentes que hablaron bajo la condición del anonimato.

81

En este contexto de inseguridad, la comunicación de los agentes de la DEA con sus informantes se dificultó más de lo necesario. Baeza lo explica así:

Era muy complicado trabajar así. Los agentes teníamos que estar presentes en todo tipo de reuniones para evitar filtraciones. También existía el miedo de que se repitiera algo similar a lo de Camarena; nos veíamos obligados a solicitar apoyo a las autoridades mexicanas pero por pura seguridad.

Si había algo delicado que nos interesaba, citábamos a las fuentes en lugares donde se sintieran muy seguros, con el propósito de hacer una entrevista más a fondo. Trabajábamos en pareja; siempre íbamos dos agentes a cualquier lugar y teníamos que reportarnos con el supervisor al llegar al punto donde se realizara cualquier cita. Cuando concluíamos el trabajo y cuando íbamos en el camino de regreso a la oficina mandábamos el dato a los jefes; esto era por si alguien desaparecía.

—¿Después del asesinato de Camarena los agentes de la DEA tenían miedo de trabajar en México?

—Siempre hay temor, pero había más peligro y nos teníamos que cuidar, tomar medidas para que no volviera a ocurrir lo que le pasó a Enrique Camarena —responde Baeza.

El experimentado agente de la DEA reconoce que, además del temor, las cosas se les complicaron aún más para la realización de las operaciones encubiertas:

Primero, porque los agentes de la DEA no teníamos permiso de las autoridades mexicanas para hacer trabajos encubiertos. Si el comandante regional o el policía [federal] que nos estaba acompañando lo autorizaba, lo hacíamos, pero con mucho más cuidado porque sabíamos que la información se podía filtrar a otras personas. Reconozco que siempre hacíamos trabajos encubiertos y los hacíamos hasta sin el permiso de las autoridades.

En varias ocasiones nos llevamos a un agente de la Policía Federal para que fuera testigo de una reunión con algún narcotraficante. El policía mexicano también iba en calidad de agente encubierto, pero esto lo hacíamos para ganarnos la confianza del comandante regional, más que para conseguir información importante del caso.

LAS DETENCIONES

—¿Hubo colaboración de la DEA con el Ejército para dar seguimiento al caso Camarena?

—No, no había, o por lo menos en Guadalajara no había. La poca colaboración que teníamos era con la policía del estado y con la municipal; de vez en cuando venía un ministerio público de la PGR. Se suponía que el trabajo se tenía que hacer con la Policía Federal, pero siempre hubo reservas al respecto —contesta Baeza.

Al formular la misma pregunta a otro de los agentes entrevistados, cuya identidad no se puede revelar en este libro, éste responde con un tono de voz que refleja molestia y rencor: "Con los militares la relación se enfrió totalmente después del asesinato de *Kiki*. Nadie, de todos los que trabajábamos en México en esos años, confiaba en ellos. Es más, puedo decir, sin miedo a equivocarme, que hasta los elementos honestos de la PJF se negaban a trabajar con 'los verdes'. Por lo menos eso ocurría en Guadalajara y en la oficina de la DEA en Mazatlán", explica.

De las pocas operaciones encubiertas "legales" que llevó a cabo la DEA en México para capturar a los involucrados en el asesinato de Camarena, la mayoría fueron exitosas. Éste fue el caso de la detención de dos hermanos que eran sicarios del grupo de Caro Quintero y Félix Gallardo. El agente Baeza relata:

Los sicarios más peligrosos y temidos del Cártel de Guadalajara eran dos hermanos que se apellidaban Vázquez; les decían los Tierras Blancas.

Un informante nos proporcionó los datos de un lugar a donde iban a estar los Vázquez y nos aseguró que allí los podíamos arrestar. En ese operativo participé junto con otros dos compañeros y unos agentes de la Policía Federal.

Nosotros nos encargamos de hacer la logística y de coordinar a la Policía Federal para arrestar a los Vázquez, quienes sabíamos que eran cómplices en el caso Camarena. Los Tierras Blancas eran la mano dura del cártel, eran los sicarios. Se encargaban de secuestrar, torturar y matar a quienes les ponían el dedo a los jefes del cártel.

La operación contra los Tierras Blancas fue en Guanajuato, no recuerdo el mes ni el día, pero fue en 1987. Mis dos compañeros y yo, además de los agentes de la Policía Federal, llegamos a Guanajuato con mucha anticipación al día del arresto. Nos instalamos en un hotel y pasamos mucho tiempo tratando de localizarlos.

Había pasado poco más de una semana desde que llegamos, cuando una fuente nos avisó de la presencia de los Tierras Blancas. Supuestamente estábamos allí para trabajar de manera coordinada con la Policía Federal, pero la verdad no les teníamos confianza. Los federales mexicanos estaban hospedados en otro hotel y tenían sus propios informantes.

Ante las circunstancias que teníamos al frente para atrapar a los Tierras Blancas, nos vimos obligados a coordinarnos con los policías federales. Se les ubicó en un restaurante que estaba sobre la carretera en las afueras de la ciudad. Se aclaró que los policías federales se encargarían de detenerlos y que nosotros sólo seríamos testigos de la operación. Los sicarios se habían detenido para comer algo.

Me acuerdo que antes de llegar al restaurante uno de mis compañeros de la DEA me dio una escopeta, aparte del arma que yo siempre llevaba. Me dijo: "Prepárate porque esto puede salir feo".

84

Cuando llegamos al restaurante todos salimos con las armas listas para disparar, nosotros los de la DEA y los policías federales. Afortunadamente no debimos hacer un solo disparo; lo malo fue que no estaban los dos hermanos. El detenido fue Antonio Vázquez, pero éste era el principal.

—¿Cuál fue el papel de los Tierras Blancas en el asesinato de Camarena?

—Hicieron muchas cosas, pero lo más relevante fue que trasladaron el cuerpo de *Kiki* cuando lo desenterraron y lo llevaron al rancho en Michoacán.

"Al otro hermano lo detuvo después la Policía Federal, pero le avisaron a la DEA. Aunque parezca increíble, los Tierras Blancas no estuvieron mucho tiempo en la cárcel, sólo unos cuantos meses. Aunque poco después de quedar libres los mató el Ejército.

"Los dos hermanos iban en un auto y cuando llegaron a un retén militar, cerca de Atotonilco, los soldados les pidieron que se detuvieran y no hicieron caso, se agarraron a tiros y murieron los Tierras Blancas. Esto ocurrió a finales del 87 o principios del 88, la verdad ya no me acuerdo bien de la fecha exacta", aclara Baeza.

EL POLICÍA QUE CAPTURÓ A FÉLIX GALLARDO

Además del arresto de Rafael Caro Quintero en Costa Rica, la captura de Miguel Ángel Félix Gallardo, el 8 de abril de 1989, fue una de las operaciones encubiertas de la DEA más exitosas en el caso del asesinato del agente Camarena.

Cuando se le pregunta a Baeza sobre el arresto de Félix Gallardo, aclara que no tiene autorización para hablar de todos los detalles. "Eso lo debe explicar el gobierno de México", dice.

El 8 de abril de 1989 miembros de la Policía Federal dirigidos por el comandante Guillermo González Calderoni detuvieron a Félix Gallardo.

"Lo arrestaron y luego nos avisaron a nosotros que ya lo tenían. González Calderoni habló primero con sus jefes en México, pero todo lo que hizo fue gracias a una operación de la DEA en Guadalajara", sostiene el agente Baeza.

Este policía estadounidense se abstiene de hacer comentarios sobre González Calderoni; para él, el agente mexicano fue un policía que colaboró con la DEA en el caso Camarena y eso es lo importante. Todos los agentes entrevistados comparten el punto de vista de Baeza sobre González Calderoni, pero admiten que "había rumores" de que este comandante de la Policía Federal "tenía vínculos con el narcotráfico".

Dicen haber escuchado comentarios de algunos de sus informantes acerca de que González Calderoni recibía dinero de Félix Gallardo, de Caro Quintero, de Amado Carrillo Fuentes, de Juan García Ábrego y hasta del grupo de Joaquín *El Chapo* Guzmán Loera, quien en esos años era un simple operador del Cártel de Guadalajara.

Uno de los agentes que no revela su nombre, hace el apunte siguiente:

Si tenía vínculos o no con los narcos, nunca lo pudimos comprobar, porque sólo nos llegaban los rumores. Trabajamos con él porque no teníamos alternativa, pero sería injusto decir que nunca nos ayudó. Así como se hablaba de González Calderoni en esos años, se habla ahora de muchos políticos y comandantes de la Policía Federal. Si eso es cierto, le toca al gobierno mexicano demostrarlo; a nosotros sólo nos corresponde transmitir la información a las autoridades.

El 5 de febrero de 2003 Guillermo González Calderoni fue asesinado en la ciudad de McAllen, Texas, cuando salía de la oficina de su abogado Robert Yzaguirre. González Calderoni se encontraba en Estados Unidos supuestamente en calidad de informante de la DEA, huyendo de la justicia mexicana que en 1993 giró una orden de aprehensión en contra suya por delitos contra la salud y por enriquecimiento ilícito.

La policía de McAllen explicó que a González Calderoni le dispararon a corta distancia un tiro en el cuello, poco después de haber subido a su automóvil. Los informes policiacos explicaron que el presunto homicida fue un hombre de raza negra, quien escapó del lugar del homicidio en un automóvil color gris con placas del estado de Louisiana.

Entretelones del caso Camarena

El agente Baeza no recuerda la fecha precisa en que la DEA decidió dar carpetazo al caso Camarena; tampoco recuerda cuántas personas fueron detenidas o eliminadas por su presunta participación en el asesinato de *Kiki*. Simplemente dice que "fueron muchos". La mayoría de los implicados ya están libres porque así lo dictan las leyes mexicanas.

Otros de los agentes consultados comentan que en términos generales la DEA no quedó ni quedará nunca satisfecha con lo que se hizo. La razón de esta inconformidad es que hubo políticos, funcionarios del gobierno, policías federales y altos mandos militares que "algo tuvieron que ver con el caso" y nunca fueron castigados.

"Si se les investigó por petición nuestra, nunca nos enteramos cuál fue el resultado del expediente. En el caso de alguno de estos implicados nos enteramos que la orden de parar la investigación llegó desde lo más alto del poder político en México, pero nunca lo llegamos a corroborar. ¿Qué podíamos hacer? Así se hacían las

cosas entre mexicanos en esos años de combate al narcotráfico",
acota otro de los agentes de la DEA.

Dice Baeza que para él fue muy significativo el arresto de Félix
Gallardo porque la DEA se enteró de muchas cosas que posteriormente sirvieron para hacer otras investigaciones. Así lo expone:

> Un mes después de que lo detuvieron me enteré de que en la casa
> donde lo agarró González Calderoni había unas fotografías mías. En
> esas fotos yo estaba con un compañero cuando trabajábamos en Ma-
> zatlán. Habíamos ido para llevar a cabo una operación de reconoci-
> miento de plantíos en la sierra de Sinaloa.
>
> En otra de las casas de Félix Gallardo se encontraron más fo-
> tografías. Su grupo de narcotraficantes ya nos tenía muy bien iden-
> tificados a todos los de la DEA que estábamos en Guadalajara y
> Mazatlán. Lo de las fotos podía haber sido un mensaje de los narcos
> mexicanos, después de lo que pasó con Camarena. México era uno
> de los lugares más peligrosos para trabajar y el hecho de que los cri-
> minales te tuvieran bien identificado, ponía nervioso a cualquiera.

EL SECUESTRO DE ÁLVAREZ MACHAIN

La venganza contra los implicados en el asesinato de *Kiki* Camarena se extendió por varios años. El 2 de abril de 1990 el doctor
Humberto Álvarez Machain fue secuestrado al salir de su domicilio en la ciudad de Guadalajara. Álvarez Machain estaba acusado
por el gobierno de Estados Unidos de haber participado en la tortura y el asesinato del agente Camarena.

"La DEA se enteró por medio de unos sicarios informantes que
el mismo día que secuestraron a *Kiki* Camarena, después de que se
lo llevaran a torturar a una casa que se encuentra en la calle Lope
de Vega, en Guadalajara, Álvarez Machain llegó con un maletín
lleno de jeringas y medicinas", rememora Mike Vigil.

La información de inteligencia recolectada por la DEA durante las investigaciones posteriores al asesinato de Camarena demuestra que Álvarez Machain se encargó de inyectar estimulantes al agente de la DEA para que se mantuviera consciente durante los interrogatorios y torturas a que fue sometido por los sicarios del Cártel de Guadalajara. Vigil describe los detalles:

> Algunos de los sicarios que estuvieron presentes en la casa de la calle Lope de Vega contaron a la DEA que Álvarez Machain inyectó varias veces a *Kiki* para que aguantara la tortura.
>
> A *Kiki* lo sometieron a unas torturas muy duras. Lo golpearon por todo el cuerpo, lo quemaron con cigarrillos y le metieron palos de escoba y otros objetos por el recto.
>
> El dolor era tan fuerte que Álvarez Machain le tuvo que inyectar dosis muy altas de varias sustancias para que no se desmayara y para que se mantuviera consciente y respondiera a las preguntas que le hacían. Querían saber el nombre y el lugar donde vivían todos los agentes de la DEA que había en México.

La tortura y el interrogatorio a que fue sometido Camarena antes de morir fueron grabados por sicarios del grupo de Caro Quintero.

"Estas grabaciones se localizaron en la casa de Ernesto Fonseca Carrillo, *Don Neto* —otro de los capos del Cártel de Guadalajara—, el día que fue arrestado en su casa de Puerto Vallarta [7 de abril de 1995]", subraya Vigil.

Desde que fueron localizadas las grabaciones de la tortura y el interrogatorio de Camarena, y con los testimonios de sicarios e informantes, la DEA formalizó una acusación judicial en contra de Álvarez Machain en el estado de California. Solicitó en varias ocasiones al gobierno de México el arresto y la extradición del médico, pero su petición siempre fue rechazada "por falta de pruebas" en contra del ciudadano mexicano.

"La DEA se quedó sin opciones; por ello recurrió a otras personas para realizar esta operación, afirma otro de los agentes entrevistados bajo la condición del anonimato. Según este policía antinarcóticos, la DEA contrató a dos policías judiciales del estado de Jalisco y a otras dos personas.

"Fueron cuatro los mexicanos que agarraron a Álvarez Machain, el grupo fue liderado por Antonio Gárate Bustamante, *El Ciego*, un ex policía judicial estatal", acota el agente.

Junto con *El Ciego*, la DEA había preparado un "plan secreto" para el secuestro y el traslado de Álvarez Machain a Estados Unidos. Luego de ser levantado en la puerta de su domicilio, los cuatro secuestradores llevaron al médico mexicano directamente a una pista clandestina donde los esperaba un "avión privado", también contratado por la DEA para transportar a Álvarez Machain. Al acusado de participar en el asesinato de Camarena lo subió personalmente *El Ciego* al avión, y en vuelo directo lo acompañó hasta El Paso, Texas, donde fue arrestado por varios agentes de la DEA.

La reacción del gobierno de México no se hizo esperar. La Secretaría de Relaciones Exteriores (SRE) envió al Departamento de Estado una protesta "por violación al Tratado de Extradición del 4 de mayo de 1978". Por su parte, Álvarez Machain acusó formalmente a la DEA de secuestro y su caso provocó una crisis en la relación entre México y Estados Unidos.

Mientras tanto, en México, la Procuraduría General de la República (PGR), por órdenes del presidente Carlos Salinas de Gortari, llamó a la DEA para hacer una rendición de cuentas.

"No todos en la PGR estaban enojados por lo de Álvarez Machain; varios funcionarios conocían su responsabilidad en el asesinato de Camarena", comenta Vigil.

Fue precisamente Mike Vigil el agente que en 1992 debió enfrentar "el enojo del gobierno de México". La PGR le encomendó a Jorge Tello Peón la negociación con Vigil de las famosas "Reglas del Juego" para la DEA en el territorio mexicano impuestas por el gobierno de Salinas de Gortari.

"Nos pasamos como una semana negociando en las oficinas de la PGR", recuerda Vigil.

—¿En qué consistieron las Reglas del Juego?

—Limitar el número de agentes de la DEA en el territorio mexicano, lo cual no afectaba, porque de todas maneras en esos años la DEA no tenía intenciones de ampliar su presencia en México, precisamente por lo que pasó con Camarena.

"Nos impusieron, como 'prioridad' de las reglas, que debíamos compartir toda la información que tuviéramos para llevar a cabo operaciones contra el tráfico de drogas. Esto tampoco afectaba, ya que regularmente compartíamos la información con el gobierno mexicano, porque no estamos autorizados para arrestar a narcotraficantes dentro de México.

"Nos limitaron el movimiento de los agentes de la DEA dentro del territorio mexicano. Nos condicionaron a que por escrito notificáramos el desplazamiento de los agentes, que se haría siempre y cuando nuestros agentes estuvieran acompañados por policías federales mexicanos. Esto tampoco afectó, pues el gobierno mexicano nos mantenía bien vigilados y siempre sabía dónde estábamos. Los agentes de la DEA sólo se desplazan en la jurisdicción de la oficina regional a la cual están asignados.

"Limitaron las operaciones de los agentes únicamente al territorio que abarcara la oficina regional a la que estuvieran asignados; sin embargo, esto siempre ha sido así, pues los agentes de la DEA que están en el extranjero hacen investigaciones de casos que se encuentran en la jurisdicción territorial que abarque su oficina regional. Hay excepciones, pero sólo cuando se trata de casos muy singulares.

"Nos reiteraron la prohibición de que nuestros agentes no portaran armas de fuego dentro del territorio mexicano, y nos negaron la inmunidad diplomática. Esto último no afectó porque ningún agente de la DEA está registrado ante la PGR como 'agente de la DEA'", subraya Vigil en la reseña que hace de la negociación que llevó a cabo con Tello Peón.

En resumen, las Reglas del Juego que impuso el gobierno de México a la DEA por el secuestro de Álvarez Machain no tuvieron ningún impacto real en las operaciones que realizaban y llevan a cabo en territorio mexicano los agentes estadounidenses.

—¿En los poco más de dos años que estuvo Álvarez Machain bajo la custodia de la DEA confesó algo referente al caso Camarena?

—No, nunca dijo nada; siempre se declaró inocente —concluye Vigil.

En diciembre de 1992, tras un largo proceso de demandas y apelaciones en cortes federales, la Corte Suprema de Justicia de Estados Unidos respaldó la protesta de la SRE y, en consecuencia, Álvarez Machain fue liberado y deportado a México.

Sobre su destino en México, uno de los agentes de la DEA entrevistados, dijo: "Desapareció de la vida pública y optó por una vida de perfil muy bajo, por temor a que fuera detenido nuevamente y sacado del país".

6

Amigos del narco

El narcotráfico es el único y gran enemigo de la DEA; para derrotarlo, dicen sus agentes, "hay que meter veneno en sus venas y sólo lo logras haciéndote amigo de los narcos por medio de los informantes".

La penetración en los cárteles del narcotráfico de México es la labor más riesgosa, pero al mismo tiempo; la más fácil para cualquier agente de la DEA. A través de los informantes, los policías estadounidenses han logrado estar "cerca" de los capos de mayor renombre en México. Con ellos han departido en bares, antros, restaurantes y hasta en fiestas familiares. Se hacen amigos.

Con algunos de "los mafiosos", como los llama Mike Vigil, los agentes de la DEA establecen una relación tan cercana que hasta logran convencerlos de que si algún día caen ante la justicia, los ayuden a desenredar la complicada estructura del tráfico de las drogas. La DEA les promete convertirlos en "testigos protegidos", en caso de ser extraditados a Estados Unidos.

La amistad con los narcos no es exclusiva de los agentes de la DEA. Los policías, militares y políticos mexicanos gozan por igual de la simpatía de algunos de los capos del crimen organizado.

"La diferencia —comenta uno de los agentes entrevistados— es que nosotros nos hacemos amigos de ellos solamente para después derrotarlos; los mexicanos lo hacen por conveniencia económica y nosotros no."

El acercamiento a los mandos de los cárteles es una parte irremplazable en cualquier operación de la DEA en México. Por medio de los informantes la dependencia estadounidense "cultiva" la relación con los criminales, muchos de los cuales se dejan seducir de manera deliberada. Uno de los agentes consultados lo expresa de este modo:

> Cuando un narcotraficante que juega un papel importante en los mandos de un cártel se llega a enterar de que tiene una relación indirecta con la DEA a través de un informante, por lo general ocurren dos cosas. Si es inteligente, aprovecha la relación y pasa información sobre las operaciones de cárteles contrarios. Esto le beneficia a su grupo. Lo peligroso es que una vez que se entera de que lo tenemos controlado por medio de un informante, va y se lo dice al líder del cártel, quien ordena matar al infiltrado; aunque déjame decirte que esto último no ocurre con tanta frecuencia como lo primero.

—Esto se puede interpretar como: "Quizás alguien podría pensar que la DEA se hace de la vista gorda ante un cártel, siempre y cuando esta organización le ayude a parar el flujo de otros cárteles" —se le comenta al agente de la DEA que colaboró con el autor bajo la condición del anonimato.

—En la guerra contra las drogas se deben ganar todas las batallas posibles. La frontera entre México y Estados Unidos es muy grande; no se puede controlar. La droga pasa todos los días y nadie sabe a ciencia cierta en qué cantidades; si podemos detener algún cargamento, ganamos una batalla, y con eso a lo mejor más adelante también podemos ganar la guerra.

En este juego de palabras se esconde una de las verdades más importantes de la misión de la DEA en México: la relación convenenciera con los cárteles del narcotráfico.

Con la ayuda de "mis amigos"

En la disputa entre los cárteles mexicanos por las plazas y las rutas para el trasiego de las drogas, su relación amistosa con la DEA les resulta de gran utilidad. A los jefes de los cárteles del narcotráfico les conviene ayudar a la DEA; por ello actualizan a los informantes de los policías estadounidenses con la información de inteligencia que poseen sobre las operaciones de sus enemigos.

Entre la DEA y los narcotraficantes el uso de los informantes es vital para concretar los objetivos de ambos.

Un agente de la DEA que estuvo en México durante la administración de Vicente Fox, y que ahora está asignado a una oficina en la frontera sur de su país, desmenuza este conflicto de intereses entre el gobierno de Estados Unidos y los narcos:

Cuando en un cártel descubren a uno de nuestros informantes y lo quieren aprovechar, a éste le cuentan, para que nos lo diga, todos los detalles sobre las operaciones de tráfico de droga del enemigo que les representa una mayor competencia.

Los narcotraficantes mexicanos tienen servicios altamente efectivos de contrainteligencia. Por lo regular saben todo lo que hacen los grupos contrarios, cuánta droga mueven y la fecha en que la van a mandar a Estados Unidos. Es un mundo de traiciones; por eso hay tantos muertos entre las filas del narcotráfico.

Es común que un informante se acerque a un agente de la DEA y le cuente qué día exactamente y por cuál punto de la frontera planea cierto cártel pasar tal cantidad de droga. Te dicen el nombre de los tipos que la van a pasar, te dan las placas, el color, la marca y hasta el nombre del chofer del coche o camión donde la llevan. Te entregan la dirección en Estados Unidos de la casa [narcobodega] donde van a guardar la mercancía, el nombre de los compradores y el monto que van a pagar por el cargamento.

No te esconden nada; delatan todo. Pero como en la vida todo tiene un costo, al mismo tiempo la DEA es consciente de que si un cártel te filtra información detallada de uno de sus enemigos, es porque por otro punto de la frontera ese grupo está pasando una carga tal vez mayor. Al gobierno de mi país le gustan los resultados. Sabe que no se puede todo, que es mejor agarrar algo que quedaste con las manos vacías.

La DEA y las demás dependencias federales de Estados Unidos dedicadas a contener la entrada de drogas en la frontera con México evitan informar a los medios de comunicación sobre los decomisos de narcóticos, dinero y armas que hacen todos los días. El universo del tráfico de las drogas es tan oscuro y complicado que con este tipo de relación indirecta que tiene la DEA con los cárteles de la droga difícilmente la dependencia estadounidense podría decir que no favorece a un cártel por hacerle daño a otro.

Quienes lo conocen, dicen que Mike Vigil ha sido uno de los agentes más astutos y eficaces que ha tenido la DEA en México. Disfrutando de su jubilación y de su trabajo de medio tiempo en una consultoría privada, Vigil no tiene empacho en hablar de la extraña y complicada relación que establecen los policías estadounidenses con los narcos.

—Cuando se relacionan con los narcotraficantes, ¿toman tequila, comen y se van de farra por las noches con ellos?

—Nos reunimos en restaurantes, tomamos copas, charlamos. Aunque mi forma de trabajar a un mafioso se fundamenta en la forma de ser de los mexicanos. Cuando me ganaba su confianza siempre les hablaba de muchachas, de ranchos, de deportes, de carreras de caballos y, sobre todo, de box —dice Vigil.

El ex agente de la DEA explica que ganarse la amistad de un narco lleva tiempo, pero que no es difícil. Siempre que el agente se reúne con el criminal tiene puesto el disfraz de "agente encubierto"; nunca se identifica como policía estadounidense.

Obviamente en las primeras reuniones los notas nerviosos y es en esta situación cuando tú tienes que demostrar que tienes temple de acero; debes adueñarte de la situación, siempre hablando de cosas que no tienen importancia y aflojando la lengua del mafioso con un poco de alcohol. Poquito a poquito la plática se desvía y cuando menos lo esperas ya está hablando del negocio de las drogas.

Vigil reconoce que es difícil para cualquier agente encubierto poder discernir el lado humano en la relación con los narcotraficantes; sólo con algunos, no con todos:

Algunos de los mafiosos a quienes conocí tenían una personalidad muy frágil, hablando en términos humanos. Una vez que se sentían en confianza te contaban su historia; eran gentiles, te aseguraban que se metieron al narco por la pobreza en la que crecieron con su familia, o por otras razones también extrañas.

Obviamente algunos de estos mafiosos personalmente mataron gente, o mandaron a otros a que lo hicieran, pero la cosa es que tratando con ellos en esa forma [como agente encubierto] descubrías que en el fondo eran personas agradables.

Vigil asegura que hasta antes de la guerra militarizada contra el narcotráfico, iniciada durante el sexenio de Felipe Calderón, "los narcotraficantes solamente se mataban entre ellos", a menos que hubiese una circunstancia excepcional que los obligara a eliminar a alguna persona ajena al trasiego de las drogas.

"Sé que nadie ahora en México lo va a creer, pero los mafiosos le tenían miedo a la Policía Federal y mucho más al Ejército; a este último de manera particular le tenían un pavor tremendo", afirma.

Encuentros cercanos con los narcos

El miedo de los narcotraficantes a las autoridades mexicanas, antes del sexenio de Calderón, en la forma como lo explica Vigil, era porque las autoridades los tenían identificados casi a todos, gracias a las infiltraciones con los informantes.

A Mike Vigil pareciera que nunca le hace falta un caso para exponer con mayor detalle su punto de vista.

Recuerdo que cuando estaba trabajando en Nogales [Arizona] y cruzaba a México para trabajar como agente encubierto, en esa región del norte mexicano había un ministerio público federal que se llamaba Pedro Mireles Malpica. Era un tipo alto, delgado, ya entrado en años, y siempre tenía consigo una pistola calibre .45 con cuatro cargadores y una navaja.

Un día que estábamos hablando sobre un grupo específico que dominaba varias plazas en Sonora, Mireles Malpica me dijo: "Si ellos matan a uno de nosotros, nosotros vamos y matamos a 40 de ellos para enseñarles que no pueden hacer eso".

Recuerdo que unos meses después la prensa mexicana reportó el hallazgo de 14 cadáveres cerca de Nogales [Sonora]; varios de nuestros informantes nos dijeron que los muertos eran gente de un grupo de narcos que se pasaron de listos con la gente de Mireles Malpica. La plaza estuvo tranquila mucho tiempo, y no fue porque los mafiosos no se supieran defender o porque no tuvieran con qué hacerlo; más bien era el miedo que tenían a quedar totalmente eliminados. Preferían contenerse.

Son muchos y variados los riesgos que corren los agentes de la DEA cuando buscan concretar reuniones con los narcotraficantes, especialmente cuando éstos se asumen como amigos de los primeros —cuya verdadera identidad desconocen— y los invitan a sus casas para cerrar negocios sobre cargamentos de droga.

Aun cuando los agentes de la DEA admiten andar siempre armados dentro del territorio mexicano, cuando visitan la casa de algún narcotraficante están conscientes de que se encuentran en desventaja. Cualquier detalle que al narcotraficante le parezca sospechoso le puede costar la vida al policía estadounidense.

Mike Vigil asegura que él visitó a varios narcotraficantes en sus domicilios. Participó en reuniones familiares o simplemente fue llevado por el narcotraficante a su casa para tomar unas cervezas, unos tequilas o unos whiskys.

Rememora uno de estos encuentros:

Una vez, en un lugar cercano a Nogales, Sonora, yo estaba en plena calle negociando con un mafioso la compra de un cargamento. Y en eso se me acerca otro tipo y me dice: "Mire, don Miguel, yo tengo algo que a usted le puede interesar más".

Me dijo que si me interesaba lo que tenía, que me esperaba en un restaurante en el centro de Nogales. Terminé de hacer el negocio con el tipo con quien estaba en la calle y me fui al restaurante.

Cuando me acababa de sentar en la mesa donde se había colocado, luego luego me dijo que tenía varios kilos de heroína pura que le acababa de llegar del estado de Guerrero. Comimos, nos tomamos unas cervezas y le dije que quería ver la heroína. Él me contestó que la tenía en su rancho y que si yo no tenía inconveniente en ese mismo momento la íbamos a ver.

Tomamos un taxi y nos fuimos a su rancho, el cual quedaba bastante lejos de Nogales; estaba muy en las afueras.

—¿Tienen algo de peculiar las casas de los narcotraficantes mexicanos?, ¿son muy lujosas?

—La mayoría sí; ese rancho en particular era lujoso, tenía unos muebles de maderas muy finas, pieles de animales, varias vitrinas, floreros de vidrio cortado y pinturas que daban la impresión de que eran originales y caras.

"Nos sentamos en la sala, sirvió unos tequilas y me enseñó los kilos de heroína. Le dije inmediatamente que le compraba toda la que tuviera y él se entusiasmó. Me puso un precio que ya no recuerdo y sin regatear le dije a todo que sí, pero con una sola condición: que él mismo la pasara a Estados Unidos y que incluso, si lo hacía, yo le pagaría un poco más del valor acordado por cada kilo de la heroína."

—¿No sospechó nada cuando le pidió usted que fuera él mismo quien llevara la heroína a Estados Unidos?

—No, porque él sentía que éramos amigos; no tenía por qué sospechar porque en todo momento le hice sentir que yo era un mafioso como él.

"Cuando uno se encuentra en una operación encubierta como ésta, el agente debe hablar el lenguaje de los narcotraficantes, usar las mismas palabras que usan ellos cuando hablan de droga, de mujeres, de los policías mexicanos y de los gringos. Los tienes que engañar muy bien. Dicen que yo era bueno para ese tipo de trabajos —se ríe Vigil al subrayar esto último.

"El mafioso me dijo que sí, que él me llevaría la droga pa'l otro lado. Me preguntó a quién se la tenía que entregar y le contesté que a mí. Nos pusimos de acuerdo sobre el lugar. Tenía que ir al estacionamiento de un Safeway [nombre de una cadena de supermercados] que está en Nogales, Arizona, que incluso hasta el día de hoy se puede ver desde el lado mexicano. Acordamos la cita para el día siguiente a las diez de la mañana.

"Antes de la hora de la cita, llegué al estacionamiento con otros colegas que se colocaron de manera estratégica en el estacionamiento para hacer el arresto, o para respaldarme por si algo salía mal durante la entrega de la mercancía.

"Yo me recargué en mi auto, que estacioné en un lugar que se veía muy bien desde México. Y justo a la hora acordada para la cita miro hacia el lado mexicano y veo al mafioso. Le hago un saludo con la mano, al cual él responde de la misma manera.

"Pero para sorpresa mía y de mis compañeros que estaban observando todo, el tipo, en lugar de cruzar él mismo con la heroína, abre la puerta de la camioneta en la que llegó a la línea y baja a su esposa. La señora fue quien cruzó caminando la línea y llegó sola al estacionamiento del Safeway."

—¿Y qué pasó con la señora y con la heroína?

—No nos quedó más remedio que arrestar a la pobre señora, con quien yo había departido la noche anterior. La mujer llevaba la heroína metida en la ropa interior. El mafioso se fue en la camioneta en cuanto vio que salieron mis colegas para arrestar a su esposa. Al tipo, con la información que ya tenía, lo arrestó después la policía federal mexicana. El rancho era ganadero, una construcción de dos pisos con muchos ventanales. Me acuerdo que eran como cuatro o cinco kilos de heroína los que llevaba la señora. El kilo costaba en ese entonces como unos 30 mil dólares —remata Vigil.

7

Todos portan armas, pero bien organizados

La Constitución Política de los Estados Unidos Mexicanos prohíbe de manera tajante a los agentes y militares extranjeros la portación de armas de fuego dentro del territorio nacional. En 1992, con la definición de las Reglas del Juego, a los agentes de la DEA les quedó totalmente prohibida la portación de armas.

Sandalio González, el agente jubilado de origen cubano que dedicó gran parte de su vida al trabajo nacional e internacional en la DEA, dice que la seguridad personal es una parte muy importante en las operaciones antinarcóticos que se hacen en México y en Colombia.

—¿Los agentes de la DEA que están en México portan armas?

—Sí, todos. Todos los agentes llevan armas; sólo el personal de inteligencia de las oficinas de la DEA no, pues son básicamente personas dedicadas a trabajo burocrático y que saben manejar las tecnologías para una investigación; son los que no salen a los lugares donde se realizan las operaciones.

—¿Los agentes de la DEA que están en México van armados sólo cuando emprendan una operación encubierta, o siempre andan armados?

—Siempre se porta un arma; aunque no existe un tipo de arma reglamentaria para los agentes de la DEA.

—¿Aparte de las armas de cada agente, la DEA tiene o utiliza otro armamento en México?

—En las oficinas de la DEA siempre hay armas extras; son armas diferentes a las que portan los agentes; hay rifles de asalto, escopetas o armas más poderosas.

"Cuando yo estaba en la oficina de la DEA en el Distrito Federal, junto con los *marines* tenía la responsabilidad de la defensa de la embajada de Estados Unidos, por eso hay armas largas en esa oficina, pero no son para sacarlas a la calle".

"ARREGLO ENTRE CABALLEROS"

—¿Los agentes de la DEA van armados a reuniones con funcionarios, policías o militares mexicanos?

—Sí.

—¿Y lo saben ellos?

—Claro, eso se sabe pero no se admite, así es la regla no escrita en México sobre la relación con los agentes de la DEA. Ni los policías federales ni los militares revisan a los agentes de la DEA; nunca lo hacen cuando se dan las reuniones.

—¿Se han dado incidentes cuando policías o militares mexicanos revisan a los agentes de la DEA para ver si llevan armas?

—Ocurre. Cuando nos querían chingar y sabían que andábamos fuera de las oficinas, mandaban a un grupo de policías federales o a los militares a poner retenes en la carretera. Te paraban y te jodían; te revisaban, te quitaban el arma o te detenían por un rato.

"Se armaba un desmadre cuando esto ocurría, porque se resolvía el problema hasta que alguien en la embajada de Estados Unidos tomaba el teléfono y lo negociaba con alguien de la Secretaría de Gobernación, de la Secretaría de Relaciones Exteriores; con los mandos de la Policía Federal, el Ejército o la Marina. En una ocasión, casi estoy seguro de que se habló a Los Pinos."

—¿La DEA ha buscado alguna solución al asunto de la prohibición para portar armas en México?

—Hace algunos años el gobierno de Estados Unidos intentó resolver el problema. El Departamento de Estado y el de Justicia le propusieron al gobierno mexicano que si permitía que los agentes de la DEA portaran armas en territorio mexicano, se autorizaría que los agentes mexicanos portaran armas dentro del territorio estadounidense. En Estados Unidos, en varios estados donde existen consulados mexicanos, hay agentes de la PGR [Procuraduría General de la República]. Pero la respuesta del gobierno mexicano fue un rotundo no a la propuesta de Washington.

La prohibición de portar armas a los agentes de la DEA en México se maneja como una especie de "arreglo entre caballeros", que se extiende al personal de otras corporaciones:

Los agentes de la DEA no son los únicos agentes de Estados Unidos que portan armas en México; seguramente esto ocurre también con los del FBI, los de la ATF [Agencia de Alcohol, Tabaco, Armas de Fuego y Explosivos], con todos los agentes de Aduanas y los de la CIA. Estos [últimos] no sé por qué carajos no admiten que son agentes de la CIA si todo el gobierno mexicano los conoce. Según ellos son vicecónsules, pero ningún vicecónsul porta armas; solamente lo hace el "vicecónsul de la CIA".

—¿Se puede decir que el gobierno mexicano vigila a todos los agentes de Estados Unidos que están en México para asegurarse de que cumplen con los mandatos que les ha impuesto?

—Sí, pero no creo que a todos de la misma manera, porque en el caso de los agentes de la DEA, cuando estamos en el extranjero no es en calidad de "agentes secretos", como piensa mucha gente.

"Cuando estamos en el extranjero no estamos registrados como agentes o policías de la DEA. En algunos países, que es el caso de

105

México, los agentes se registran ante la Secretaría de Relaciones Exteriores como diplomáticos —*political attache*—; en otros se les concede una identificación diplomática bajo la calidad de administrador técnico o de personal de la embajada o del consulado. O sea que el gobierno del país anfitrión sabe muy bien quiénes son agentes y quiénes no, dónde viven, cuántos familiares tienen. Todo, saben todo, pero en México no pasa nada."

Organización de la DEA en territorio mexicano

—¿Cómo son las estructuras de mando de la DEA en México?

—Depende. En la oficina central que está en la embajada el jefe es el *attache*, o el *country attache*. En la nueva reorganización que se llevó a cabo recientemente dentro de la DEA, a la persona que está al mando de todos los agentes en México se le llama "director regional para México y Centroamérica". El jefe tiene asistentes, dos para México y otros dos para Centroamérica.

"A las oficinas que tiene la DEA en distintos puntos del territorio mexicano se les llama *resident offices*, y a los que están a cargo de cada una de ellas se les dice *resident agent in charge*; son los RAC. Si la oficina es grande hay un subjefe, el *RAC group supervisor*. Si son menos de 12 personas las que trabajan en una *resident office*, sólo hay un RAC."

—Además de portar armas y de contar con tecnología altamente avanzada y sofisticada para interceptar llamadas telefónicas y para hacer rastreo satelital, ¿qué otro equipo tienen los agentes de la DEA en México? ¿Tienen aviones?

—La DEA tiene sus propios aviones. Se usan para hacer sobrevuelos de reconocimiento o para verificar las fumigaciones de sembradíos de droga. Cuando se realiza un vuelo de este tipo en

106

México, en el avión va el piloto, que es nuestro, el agente o los agentes de la DEA, y un "observador", que es de la PGR.

—¿La DEA nunca realiza vuelos con otro propósito que no sea el de reconocimiento?

—Hay viajes que funcionan para otros objetivos, pero esto depende de la flexibilidad del observador, es decir, del agente mexicano. En todo el mundo la labor más importante de la DEA es contar con una buena cartera de contactos e informantes.

Desde que llegó a México, y conforme a la expansión y la sofisticación del problema del narcotráfico, la DEA ha ido incrementando el número de sus agentes y de las oficinas regionales que tiene en los llamados "puntos estratégicos" del territorio mexicano, que son las plazas más importantes del mundo narco.

Ninguno de los agentes de la DEA entrevistados para la elaboración de este libro quiso revelar *on the record* la ubicación de las oficinas regionales en México. Sin embargo, manteniéndose en el anonimato, tres de los agentes consultados proporcionaron la localización de esas oficinas regionales de la DEA y el número de agentes que tiene en México la dependencia federal estadounidense.

En estos momentos la DEA tiene en nuestro país 54 agentes repartidos en las siguientes oficinas regionales: Ciudad de México, Mazatlán, Mérida, Monterrey, Matamoros, Guadalajara, Ciudad Juárez, Nogales, Nuevo Laredo, Hermosillo y Tijuana.

Varios de esos 54 agentes pasan días o semanas en otros puntos del país, pero sin que esto signifique que en el lugar donde se encuentren exista una oficina regional.

"Hay lugares en la frontera norte de México donde siempre hay uno o dos agentes de la DEA, como en el caso de Agua Prieta, Sonora, por ejemplo; pero ahí no hay oficina regional. Su presencia se debe a que en este caso Agua Prieta es una plaza importante del narcotráfico y hay que mantenerla siempre bien vigilada", explica uno los agentes que solicitó el anonimato.

Por la prohibición de portar armas, por los antecedentes y los rezagos que dejó en la relación bilateral el caso Camarena, el gobierno de Estados Unidos ha sido muy cauteloso respecto de las negociaciones que ha tenido con las autoridades mexicanas para ampliar el número de oficinas regionales o de agentes de la DEA.

La última vez que el gobierno de México autorizó un incremento en el número de agentes antinarcóticos estadounidenses y la apertura de tres oficinas regionales más fue en 2006, casi al final de la administración de Vicente Fox. Gerónimo Gutiérrez, entonces subsecretario de Relaciones Exteriores para América del Norte, fue el encargado de las negociaciones a nombre del gobierno foxista. Por parte del gobierno de Estados Unidos lo hizo José Baeza, quien entonces era jefe de la DEA en la Ciudad de México.

"Con la Secretaría de Relaciones Exteriores me tocó negociar la apertura de tres oficinas más en la frontera. Lo cual significaba que también tenían que autorizarnos el aumento de personal [administrativo] y de agentes", dice el agente Baeza.

—¿Qué fue exactamente lo que aceptó la SRE en las negociaciones con la DEA?

—La apertura de las oficinas regionales en Nogales, en Nuevo Laredo y en Matamoros. Y que entraran otros 12 agentes.

—¿Hubo algún condicionamiento por parte del gobierno de México?

—Que no lo hiciéramos público; nos pidieron que hiciéramos lo necesario para que el pueblo mexicano no se enterara. No querían que los ciudadanos mexicanos supieran que nos dieron el permiso para tener 12 agentes y tres oficinas más en México.

Como ha quedado sustentado en capítulos anteriores, Mike Vigil, sin tener que hablar directamente del hecho de que todos los agentes de la DEA portan armas dentro del territorio mexicano, en varios de sus relatos exhibe esta realidad que rechaza públicamente el gobierno de México y en ocasiones el de Estados Unidos.

Las limitaciones a las que está sujeta la lucha contra el trasiego de drogas por parte de Estados Unidos en México, por mandato constitucional, como lo reconoce Vigil, ha sido en ocasiones un obstáculo para el éxito del combate a ese delito. Frente a estas dificultades de "carácter administrativo", como las definen varios agentes de la DEA, las autoridades mexicanas permiten algunas salvedades para poder trabajar sin complicaciones legales con los estadounidenses.

—¿Sería falso decir que los agentes de la DEA han participado en algunos arrestos de narcotraficantes en México, señor Vigil?

—De manera oficial nunca nadie lo va aceptar, pero la DEA sí ha participado en varios arrestos, aunque no en un papel directo; se debe buscar la manera de evitar problemas legales y de soberanía.

Intervención (casi) directa de la DEA y la Guardia Costera

Vigil acepta que participó en algún arresto dentro del territorio nacional. Así lo relata:

> Estábamos trabajando en un operativo encubierto de apoyo a la oficina regional en Mazatlán. Era una colaboración importante entre la DEA, la Marina, el Ejército y la Policía Federal; éramos como unos 35 agentes los involucrados en el caso.
>
> Investigábamos al cantinero de un bar en Mazatlán. El cantinero era sueco, y nuestros informantes nos habían dicho que este hombre era el contacto para hacer arreglos entre narcotraficantes colombianos y mexicanos. Lo teníamos perfectamente bien identificado porque además de los testimonios de los informantes, interceptamos llamadas telefónicas que hacía a sus socios.

109

Del puerto sinaloense habían zarpado dos barcos pesqueros, uno se llamaba *Daniel Torres* y el otro *El Mardoqueo*. Las dos embarcaciones salieron de Mazatlán con destino a unas islas del Caribe, adonde fueron a recoger cocaína colombiana.

La Armada de México estaba enterada de esto, y cuando salieron las embarcaciones de las aguas territoriales mexicanas, alertamos a la Guardia Costera de Estados Unidos y le solicitamos que vigilara y siguiera a los dos barcos.

Mientras los dos barcos regresaban del Caribe, comenzamos a vigilar más de cerca al cantinero en Mazatlán, quien vivía en el mismo bar donde trabajaba, en el piso de arriba. Pasaron algunos días, y con la intervención de las llamadas que le hacíamos al sueco y a otras personas ubicamos perfectamente a los barcos cuando ya venían de regreso del Caribe, rumbo al norte. De manera muy discreta los dos barcos estaban siendo vigilados y seguidos por la Guardia Costera de mi país.

Yo era el agente de la DEA a cargo de este caso y en mí recaía la responsabilidad de atrapar a las dos embarcaciones. Pero el almirante de mi país, quien era el responsable de seguir a los dos barcos, también los quería atrapar. Su argumento era que sería más fácil agarrarlos en aguas internacionales, porque si entraban a las aguas mexicanas los podríamos perder, debido a los problemas de corrupción por narco que había con las autoridades de México.

Estuvimos negociando mucho tiempo con el almirante, hasta que lo convencí de que si los agarraban en aguas internacionales se nos caería el caso que ya habíamos armado en contra de los tipos. Muy enojado, el almirante me dijo por radio: "Bueno, si algo sale mal y se escapan los barcos, será tu cabeza y no la mía la que estará en riesgo". Yo asumí toda la responsabilidad porque las autoridades mexicanas me garantizaron que atraparían a los barcos.

Luego de varias horas de vigilancia y seguimiento, *El Mardoqueo* llegó a la boca de la bahía de Mazatlán. El *Daniel Torres* siguió yéndose rumbo al norte. Hablé con el comandante de la Policía Judicial

110

Federal que estaba a cargo de la operación para saber en qué momento íbamos a interceptar la embarcación, pero me dijo que aguantara. En eso estábamos cuando el almirante de mi país me llama por radio y me dice que querían seguir al *Daniel Torres*, y que solicitara la autorización del gobierno de México para hacerlo.

Era una buena idea porque no estábamos preparados para la separación de las embarcaciones; originalmente siempre pensamos que los dos barcos llegarían juntos a Mazatlán. Ahora se corría el riesgo de perder al *Daniel Torres*, porque ni la Armada de México podía hacer algo para seguirlo en ese mismo momento.

Hablé con Alejandro Alegre, quien era uno de mis contactos de más alto nivel en el gobierno de México. Le advertí que si no autorizaban la entrada de la Guardia Costera a las aguas de México el barco que se dirigía más hacia el norte se iba a escapar.

Alegre me pidió que le diera un plazo de 20 minutos, pues tenía que hacer unas llamadas telefónicas y luego de hacerlas se comunicaría conmigo para darme una respuesta. No sé con quién habló, pero a los 20 minutos me llamó tal y como lo había prometido. Me dijo: "Está aprobado, que pasen".

La Guardia Costera de mi país siguió al *Daniel Torres*, y cuando nos dimos cuenta, 12 elementos de la Policía Judicial Federal se hicieron a la mar para perseguir ellos también al barco. Los federales iban en un barco "lento a morir"; a esa velocidad, sabíamos que llegarían varias horas después de que anclara el barco y de que descargaran la droga.

La Guardia Costera alcanzó al *Daniel Torres*, lo interceptó y lo llevó a Mazatlán. Pero la revisión de las galeras de los barcos no la hicimos nosotros; la Policía Federal se hizo cargo de eso. Al día siguiente me llamó el comandante de la Judicial Federal y me dijo que no encontraban la droga. Ya no recuerdo qué más me dijo, pero todo lo que decía sonaba como a un cuento. Al instante pensé que había una complicidad entre los narcotraficantes y los federales.

111

Muy enojado le dije al comandante que se concentraran en el cantinero, que el sueco lo sabía todo. Los judiciales federales no esperaron más y se fueron directamente a buscar al cantinero, lo arrestaron y lo interrogaron a su modo. El tipo cantó todo. El piso de las bodegas de los barcos estaba cubierto con placas de metal que pesaban como 50 kilos cada una. Los judiciales comenzaron a levantar una por una las placas delante de mí y del comandante, hasta que debajo de una se abrió un compartimento secreto. Era una mini-bodega secreta con la medida exacta para dar cabida a los costales que le metieron.

En *El Mardoqueo* fueron confiscadas más o menos siete toneladas de cocaína, y la Armada de México encontró casi la misma cantidad de droga en el *Daniel Torres*. En total el decomiso fue de casi 14 toneladas de cocaína pura.

La carga era para el Cártel de Sinaloa. Este cargamento lo arreglaron directamente los mafiosos mexicanos con el grupo colombiano que lideraba Miguel Rodríguez Orejuela. Los dos barcos eran de bandera mexicana. El sueco resultó ser el coordinador e intermediario de los cargamentos de cocaína que mandaba Rodríguez Orejuela a México.

Se arrestó al cantinero y a todos los demás involucrados, pero fue por una intervención casi directa de la DEA y de la Guardia Costera que ese caso resultó ser un éxito.

VIOLENCIA, ARMAS E INTELIGENCIA

El agente José Baeza es muy cuidadoso y también habla con mucha cautela respecto del caso de la portación de armas por parte de los agentes de la DEA dentro del territorio mexicano:

Las autoridades mexicanas nos han puesto muchas restricciones para poder hacer nuestro trabajo. Si los propios ciudadanos mexicanos no se sienten seguros dentro de su país, mucho menos se van a sentir así los agentes de la DEA.

Ya no se tiene la libertad que existía hace más de ocho años de viajar de ciudad en ciudad, de darle seguimiento detallado a las investigaciones. La violencia en México está limitando el trabajo de la DEA. Nuestros agentes se tienen que defender; en ese ambiente de inseguridad todos están amenazados.

—¿Sería más fácil el trabajo de la DEA en México si el gobierno autorizara la portación de armas a los agentes de la DEA?

—Ellos nunca nos han dado permiso y creo que no lo harán. Los agentes de la DEA están muy limitados. Por la situación que se está presentando en México, los agentes de la DEA ahora deben estar mucho mejor armados, pero ya casi no salen de las RO (Resident Offices), van mucho a las oficinas de la PGR y de la Secretaría de Seguridad Pública [SSP], pero eso no funciona para los objetivos de la DEA.

—¿Han dejado de conseguir información de inteligencia?

—No necesariamente; gracias a la nueva tecnología los agentes de la DEA reciben más información por parte de las oficinas binacionales de inteligencia que hay en México [en el Distrito Federal y en Escobedo, Nuevo León] y por parte del EPIC [Centro de Inteligencia de El Paso] en Texas, pero siempre a un agente le hace falta salir para verificar toda la información que se recibe.

—¿La información de inteligencia que reciben la comparten con las autoridades mexicanas?

—Hay una parte administrativa que es así, pero existe información de inteligencia que sólo se maneja entre las agencias policiales —estadounidenses— que están representadas dentro del personal diplomático en la embajada en la Ciudad de México. Nada de esta información de manejo interno se comparte por medio de la Iniciativa Mérida, como luego afirman algunos funcionarios.

—¿Se podría decir que por la falta de garantías para la seguridad de sus agentes en México la DEA está desperdiciando información de inteligencia sensible que recibe sobre el narcotráfico?

—Lo que ocurre es que gracias a la tecnología que hay en estos momentos, los agentes tienen más información. Pero, ¿qué hacen con ella? No pueden armar operaciones encubiertas con informantes, ni pueden corroborar a ciencia cierta si es falsa o verdadera por el problema de la inseguridad. Es cierto, la DEA ya tiene más confianza en las autoridades mexicanas, pero así como está el país en términos de violencia no se pueden hacer muchas cosas. Para atrapar al *Chapo* [Joaquín Guzmán Loera] se requiere un esfuerzo mayor en materia de inteligencia; si no se logra esto, *El Chapo* se va a volver a escapar, como ya ha ocurrido en otras ocasiones".

HERMETISMO DEL GOBIERNO MEXICANO

En un esfuerzo por comprobar los datos que proporcionaron los agentes estadounidenses entrevistados, buscamos a varios funcionarios de la SRE y de otras dependencias federales del gobierno de Felipe Calderón. En la SRE ni siquiera aceptaron hablar por teléfono con el autor para corroborar el número de agentes y de oficinas que tiene la DEA en territorio mexicano.

Por su parte, un funcionario de la PGR, que pidió no ser identificado por temor a represalias de sus jefes, se atrevió a decir que "eran un poco más de 50 agentes los que tenía la DEA en México". En relación con las oficinas regionales de la DEA, el mismo funcionario de la PGR declaró simplemente que los estadounidenses "tienen oficinas en los puntos más lógicos, donde hay plazas muy fuertes para el trasiego de las drogas y desde donde operan los cárteles más poderosos del país".

El gobierno federal mexicano maneja con mucho hermetismo el caso de la presencia en el país de los agentes de la DEA, más aún cuando se aborda el tema de la portación de armas de fuego por parte de éstos. Escudándose en los acuerdos bilaterales en materia diplomática, en la SRE siempre se argumenta que los datos son considerados como información confidencial y de seguridad nacional, por lo cual no pueden ser del conocimiento de los medios de comunicación.

El sigilo y el secretismo que usa el gobierno de México para hablar de los agentes de la DEA es motivo de burla por parte de varios agentes y ex agentes de la dependencia federal estadounidense. Uno de ellos, que no dio su nombre, emitió la siguiente opinión:

> No hacen falta las órdenes ejecutivas, ni de la Casa Blanca ni de Los Pinos, para saber si los agentes de la DEA portan o no armas cuando están en México.
>
> Hay reportajes periodísticos de medios mexicanos, sobre todo de la frontera norte, y de diarios de Estados Unidos como *Washington Post*, *Los Ángeles Times* o *New York Times*, que dan cuenta de varios incidentes en los que para defenderse los agentes de la DEA han tenido que sacar su arma. Para comprobarlo, lo más sencillo sería pararse un día afuera de las oficinas regionales de la DEA y observar con mucho detalle el bulto de la pistola que llevan en la cintura o debajo del brazo las personas que entran y salen de esos edificios.

Por su parte, Mike Vigil no sólo se atrevió a describir, para beneficio de este proyecto, algunos de los incidentes en los que él se vio obligado a defender su vida con el arma de fuego que llevaba al cinto, sino que además el ex agente de la DEA proporcionó una

115

fotografía tomada durante sus primeros años de trabajo en México, en la cual aparece portando un rifle AK-47 ("cuerno de chivo"), en medio de dos soldados a quienes se les ve orgullosos de posar junto al agente estadounidense. La fotografía fue tomada a finales de la década de 1980, luego de una operación encubierta conjunta que se llevó a cabo en las faldas de la Sierra Madre en Sinaloa.

8

La DEA y los militares mexicanos

Hasta antes del asesinato de Enrique *Kiki* Camarena en 1985, la DEA consideraba al Ejército y a la Armada de México buenos aliados en el combate al narcotráfico. Era común y casi normal que soldados mexicanos acompañaran a los agentes de la DEA en los operativos para arrestar a narcotraficantes y para destruir cargamentos de droga o sembradíos de amapola y mariguana. Lo mismo ocurría con los miembros de la Armada en casos de intercepción de embarcaciones y decomisos de narcóticos en altamar.

Los agentes de la DEA que por años y en diferentes etapas han colaborado de manera cercana con las fuerzas armadas mexicanas afirman que, aun cuando "siempre" ha habido casos de corrupción por narcotráfico en el Ejército y en la Armada, estas entidades son las herramientas más efectivas y menos vulnerables con las que cuenta el gobierno mexicano para combatir a los cárteles del narcotráfico. Los agentes de la DEA que trabajaron en México antes del asesinato de Camarena dicen de manera tajante que hasta que mataron a su colega en Guadalajara las autoridades mexicanas y las estadounidenses no tomaban muy en serio el problema de corrupción por narcotráfico en el Ejército.

"Eran los soldados mexicanos lo que siempre iban al frente cuando hacíamos operativos en lugares inhóspitos y de mucho riesgo. Como, por ejemplo, cuando íbamos a la sierra de Sinaloa a destruir una siembra de amapola o a detener a un cacique de la zona, quien era el jefe que controlaba todo el tráfico de drogas a nivel local. Los policías federales no se atrevían a hacerlo", dice uno de los agentes de la DEA que trabajó muy de cerca con militares mexicanos en los años setenta y ochenta.

SE DISPARA LA CORRUPCIÓN EN EL EJÉRCITO

Hay algunos agentes de la DEA que trabajaron en México y que aseguran que la corrupción por narcotráfico en el Ejército mexicano se incrementó notablemente a raíz de la entrada de la cocaína colombiana a territorio mexicano. Uno de los agentes entrevistados recuerda:

> Hubo algunos informes de inteligencia que se elaboraron en la DEA a principios de los años ochenta, en los cuales se recogió el testimonio de varios informantes que señalaban a los capos colombianos, Pablo Escobar Gaviria y los hermanos Rodríguez Orejuela, por ejemplo, como los responsables de haber aconsejado a Miguel Ángel Félix Gallardo que invirtiera más dinero en la compra de jefes militares para poder dominar plazas como Guadalajara, Mazatlán, Nogales y Nuevo Laredo.

La Caja de Pandora de la corrupción por narcotráfico que había en las fuerzas armadas de México se abrió cuando la gente de Félix Gallardo y Rafael Caro Quintero mató a Camarena. "Lo que más preocupó a nuestros jefes en Washington fue descubrir que miembros del Ejército mexicano, al más alto nivel, habían protegido a los asesinos de Camarena", dice bajo la condición del anonimato el mismo agente de la DEA.

A partir de entonces la colaboración de la DEA con el Ejército y la Armada de México se hizo más esporádica y se perdió la

118

confianza que había por parte de la dependencia estadounidense en los militares mexicanos.

—Si la DEA perdió la confianza en las fuerzas armadas de México, ¿por qué hasta la fecha estas entidades son siempre las que arrestan a los grandes capos del narcotráfico?

—Porque la Policía Federal no tiene las armas ni la capacidad en materia de inteligencia y logística para hacerlo. Probablemente un gran porcentaje de los golpes que han dado al narcotráfico, tanto la Armada como el Ejército, se llevó a cabo con los datos proporcionado por los informantes infiltrados en los cárteles —subraya uno de los agentes de la DEA que pide no se le identifique por nombre y apellido, porque conoce la sensibilidad que hay dentro de México cuando se habla de las fuerzas armadas—. Y más si los comentarios vienen de un agente extranjero —agrega.

—¿A qué grado llega el problema de la infiltración del narcotráfico en el Ejército de México? —se le pregunta a Sandalio González.

—A todos, generales, coroneles, capitanes, mayores, y de ahí para abajo. No estoy diciendo que todos los militares mexicanos sean corruptos; hay elementos muy comprometidos con la justicia y éstos son los que regularmente muestran gran disposición de colaborar con la DEA y con otras agencias del gobierno de Estados Unidos.

González y todos los demás agentes de la DEA que fueron entrevistados sobre la relación que tiene la agencia antinarcóticos de Estados Unidos con los militares mexicanos, ni siquiera bajo la condición del anonimato se atrevieron a dar nombres de militares o ex militares mexicanos que han colaborado con el narcotráfico. De manera sesgada, los agentes de la DEA sólo mencionan como referencia al problema de la corrupción por narcotráfico en la Secretaría de la Defensa Nacional (Sedena) los casos de militares que los mismos mandos del Ejército mexicano se han encargado de hacer del conocimiento público.

EL ESCÁNDALO DEL "ZAR ANTIDROGAS"

El del general de división José de Jesús Gutiérrez Rebollo es uno de los incidentes más escandalosos en el marco de los problemas de corrupción por narcotráfico en la Sedena. En la administración de Ernesto Zedillo Ponce de León, el 9 de diciembre de 1996, Gutiérrez Rebollo fue nombrado director del Instituto Nacional para el Combate a las Drogas (INDC), por lo cual su colaboración con agencias como la DEA era muy importante para la estrategia de Estados Unidos en el combate al narcotráfico internacional. En virtud de ese nombramiento presidencial, el general se convertía en el "zar antidrogas" de México. Sin embargo, la información que llegó a las oficinas de la DEA en México provocó la debacle, el escándalo y el hundimiento de Gutiérrez Rebollo.

Fuentes del gobierno estadounidense en Washington sostienen que a partir de que Gutiérrez Rebollo se hizo cargo del INDC, la DEA en México comenzó a recibir información fidedigna de que el militar mexicano colaboraba con el Cártel de Juárez, comandado entonces por Amado Carrillo Fuentes, *El Señor de los Cielos*.

"Se elaboraron informes en los que se decía que Gutiérrez Rebollo recibía dinero del Cártel de Juárez para que se dedicara a combatir a organizaciones del tráfico de drogas enemigas del grupo de Carrillo Fuentes, como el Cártel de Tijuana, de los Arellano Félix y del Cártel del Golfo", asegura una de las fuentes de la capital estadounidense.

Entre diciembre de 1996 y enero de 1997, el expediente de Gutiérrez Rebollo en las oficinas de la DEA en México se convirtió en una papa caliente. La situación era insostenible.

"Fue uno de los casos de corrupción más delicados porque muchos funcionarios del gobierno mexicano se negaban a aceptar la situación. Pero luego de varias reuniones y de la exposición de los informes que se tenían, las autoridades de México pidieron los expedientes y posteriormente emitieron la orden de arresto", comenta la fuente consultada en Washington.

Ninguno de los agentes de la DEA que trabajaron en México quiso corroborar lo dicho por la fuente estadounidense en Washington, pero tampoco desmintieron la versión. La noche del 6 de febrero de 1997, en el mismo despacho del titular de la Sedena, el general Enrique Cervantes Aguirre, Gutiérrez Rebollo fue detenido por su presunta colaboración con el Cártel de Juárez y con el narcotraficante Amado Carrillo Fuentes.

La noticia del arresto de Gutiérrez Rebollo se hizo pública hasta el 18 de febrero de ese año, y a partir de entonces se dio a conocer el largo historial de complicidad del general mexicano con los capos de las drogas. Caído en desgracia, a Gutiérrez Rebollo se le asoció casi con todo tipo de narcotraficantes; con Félix Gallardo y Caro Quintero, por ejemplo, y con otros capos con quienes presuntamente colaboró durante los siete años que fungió como comandante de la V Región Militar, que abarca los estados de Aguascalientes, Colima, Jalisco, Sinaloa y Zacatecas. Al mismo tiempo que ejerció este puesto, Gutiérrez Rebollo era el jefe de la XV Zona Militar, con sede en la ciudad de Guadalajara.

Gutiérrez Rebollo fue sentenciado a 40 años de prisión por delitos contra la salud y por violación a la Ley Federal contra la Delincuencia Organizada y Cohecho.

El caso de corrupción por narcotráfico del general Gutiérrez Rebollo tuvo tal resonancia que fue llevado a las pantallas del cine internacional. En el año 2000 en las salas cinematográficas de Estados Unidos se estrenó la película *Traffic*, dirigida por Steven Soderbergh y estelarizada por Michael Douglas, Benicio del Toro y

121

Catherine Zeta Jones. Esta cinta, basada en el caso de corrupción de un militar mexicano, provocó que el mismo año de su estreno se llevara cabo una audiencia pública en el Comité Judicial de la Cámara de Senadores del Congreso federal de Estados Unidos, presidida por el senador republicano por el estado de Utah, Orrin Hatch.

Más que conmocionarse con el caso del general mexicano, el público estadounidense se sorprendió porque fue la primera ocasión que un director de cine de Holywood exhibió la debilidad de los estadounidenses por las drogas. La trama de la película dedica una buena parte al caso de la supuesta hija del llamado "zar antidrogas" de la Casa Blanca —papel interpretado por Douglas—, una niña drogadicta anglosajona que se prostituye con tal de conseguir su dosis de heroína con un *dealer* negro. Sin embargo, la audiencia convocada por Hatch se dedicó a recriminar el problema de la corrupción por narcotráfico en México, más que a analizar el problema del consumo de drogas en Estados Unidos.

ACUSACIONES A MÁS MILITARES

Desde el caso de Gutiérrez Rebollo no ha habido en la Sedena otro escándalo de corrupción por narcotráfico de la misma magnitud. Aunque ya en el ocaso del sexenio de Felipe Calderón —el promotor de la lucha militarizada contra el narcotráfico y el crimen organizado— explotó otro escándalo de corrupción al más alto nivel entre las filas militares del país.

La Subprocuraduria de Investigación Especializada en Delincuencia Organizada, de la Procuraduría General de la República, investiga las acusaciones de corrupción por narcotráfico que fincó a los generales Tomas Ángeles Dauahare, Ricardo Escorcia Vargas, Roberto Dawe González, Rubén Pérez Ramírez y al teniente coronel Silvio Isidro Hernández. Los cinco miliares están acusados por el gobierno de Calderón de haber recibido sobornos de parte del Cártel de los Beltrán Leyva a cambio de protección y de resguardar sus operaciones de tráfico de drogas en varios puntos del territorio nacional.

"La corrupción en las fuerzas armadas es el riesgo al que expuso el presidente Calderón a los soldados que sacó de sus cuarteles para enfrentar a los narcos. Seguramente cuando se acabe su sexenio y se den los cambios en la lucha contra las drogas que promete el próximo presidente, surgirá uno que otro escándalo de militares corruptos. Pero no creo que ninguno vuelva a tener el mismo nivel que alcanzó el de Gutiérrez Rebollo", pronostica uno de los agentes de la DEA que trabajó más de siete años en México.

—¿Es un fracaso la lucha militar que inició Calderón para enfrentar al narcotráfico? —se le cuestiona al agente de la DEA José Baeza, quien salió de México en 2008.

—Al inicio de su mandato, cuando desplegó al Ejército en el estado de Michoacán, nosotros decíamos que este presidente de México sí quería hacer algo. Que iban con todo contra los capos del narcotráfico. Eso fue lo que pensamos al inicio. Pero luego mira lo que ha pasado, los capos del narcotráfico siguen ahí. Yo no sé exactamente qué pasó.

—¿Problemas de corrupción, acaso?

—¿Corrupción? ¡Muchísima! Si antes ya había mucha, ahora creo que los niveles de corrupción son altísimos. Hay matanzas, cuerpos de personas ejecutadas que las autoridades no reportan porque no quieren informar de la realidad por la que pasa México. Y además dejan libres a los narcotraficantes. Los deberían agarrar, no dejarlos en libertad.

Para Mike Vigil el tema de la corrupción por narcotráfico en la Sedena va más allá de los escándalos de generales; sin decirlo, da a entender que cuando han ocurrido, en muchos de los círculos

123

de las agencias de inteligencia que laboran en México siempre se ponen en tela de juicio las razones que da el gobierno para arrestar a un general o hasta a un soldado raso.

Los agentes de la DEA no exculpan a nadie, aunque piensan que algunos de los casos que salen a la luz pública sirven para ocultar hechos posiblemente más escandalosos y vergonzosos para las instituciones militares.

CASO EMBLEMÁTICO: EL LLANO DE LA VÍBORA

Vigil dice que en toda su carrera como agente de la DEA no recuerda un caso más evidente de la corrupción por narcotráfico que corroe a las instituciones militares de todos los países de América Latina, como el que ocurrió el 7 de noviembre de 1991 en Veracruz: "Habíamos detectado una avioneta que venía por el Pacífico que se dirigía a México. No traía plan de vuelo y todo indicaba que se estaba encaminando hacia Veracruz".

El agente jubilado de la DEA sostiene que a principios de la década de los noventa los narcotraficantes colombianos habían hecho de Veracruz un lugar ideal para depositar cargamentos importantes de cocaína. En varios puntos de ese estado predominaban las pistas de aterrizaje clandestinas o rurales que aprovechaban los cárteles colombianos y los mexicanos, y que muy esporádicamente recibían la atención que requerían por parte de las autoridades estatales, del gobierno federal y del Ejército.

Unos días antes del incidente del 7 de noviembre de 1991 al que Vigil hace referencia, y de acuerdo con el libro *Masacre en el Llano de la Víbora*, del periodista veracruzano Miguel Ángel López Velasco (Editorial Posada, 1992), en Veracruz ya era evidente el involucramiento del Ejército con el narcotráfico. López Velasco lo contextualiza con el caso en que la Policía Judicial Federal localizó un avión que aparentemente se había estrellado en una pista rural en Nopaltepec, municipio de Cosamaloapan:

> La Policía Judicial Federal llega un día después de que narcotraficantes recibieran un correo aéreo con 600 kilos de cocaína. El avión que transportaba la mercancía, un Aerocomander modelo 331-5, matrícula HK-3686-X, de Costa Rica, aparece estrellado al final de la pista. La PGR no arresta a nadie, pero tiene elementos de prueba contra dos sospechosos. En la madrugada del 26 de octubre [de 1991], en la pista rural de Chorrera, construida en la congregación de Carlos A. Carrillo para el desempeño de actividades comerciales en el ingenio San Cristóbal, municipio de Cosamaloapan, los narcotraficantes nuevamente hicieron acto de presencia y burlan la persecución de un avión interceptor P-33 de la PGR. El avión de los narcotraficantes aterrizó sin dificultades bajo la protección de una media docena de hombres que vestían los uniformes de la Policía Judicial Federal. Cuando los verdaderos agentes de la PGR llegaron al lugar, el teniente Ignacio Pérez Aguilar les impidió su acceso con el argumento de que en la pista ya se hacían cargo de la situación agentes de la Policía Judicial Federal.

Los radares de la DEA, de acuerdo con la versión de Vigil —quien estuvo a cargo de la operación por parte de la dependencia estadounidense en México—, la madrugada de ese 7 de noviembre habían detectado al avión que se dirigía a Veracruz. La aeronave sospechosa era una avioneta Cessna Centurion 210 con la matrícula XA-LAN, de bandera mexicana. Vigil cuenta:

> Desde que observamos que se acercaba al territorio mexicano, en la DEA pedimos un avión para vigilar al Cessna sospechoso. Se envió a una de las dos avionetas tipo Cessna Citation, que en ese tiempo tenía el Servicio de Aduanas de Estados Unidos en México.

El avión de Aduanas estaba equipado con el sistema FLIR [Forward Looking Infrared, por sus siglas en inglés], que detecta el calor de los cuerpos de seres vivos y los proyecta en una pantalla. Por medio de ese sistema estábamos siguiendo en tiempo real todo el incidente del avión.

El Cessna Centurion, sin percatarse de que estaba siendo vigilado por la DEA, y además perseguido por un avión King Air de la PGR, aterrizó sobre una pista clandestina en el Llano de la Víbora, municipio de Tlalixcoyan.

Luego de que aterrizó, vemos cómo una pareja, un hombre y una mujer, salen de la avioneta sin ningún apuro y caminan hacia una parte boscosa del lugar.

Con la alerta que habían recibido por parte de la DEA, minutos después de que aterrizó el Cessna Centurion, llegó el avión de la PGR que traía a bordo ocho agentes federales, al piloto y al copiloto.

Por medio del FLIR vimos cómo los ocho elementos de la Policía Judicial Federal, después de que aterrizaron en el Llano, se acercan a la avioneta sospechosa y comienzan a revisarla.

Todo estaba saliendo bien; la pareja que llegó en el avión se perdió entre el bosque, pero a ellos los iban a buscar después de que aseguraran la carga.

De pronto vemos en la pantalla cómo los agentes de la PJF comienzan a correr y varios de ellos se tiran al suelo. Fue en ese instante cuando detectamos que los agentes estaban siendo atacados con armas de gran calibre.

—¿Quiénes fueron los que dispararon contra los agentes de la PJF? —se le pregunta a Vigil.

—Un grupo del Ejército mexicano que estaba a la orilla del Llano, escondido entre los arbustos y los pastizales. Fue una masacre, algo increíble, porque parecía que los militares los estaban esperando. En medio de la balacera los agentes gritaban que eran elementos de la PJF; incluso algunos llevaban puesto el uniforme, y el King Air en el que aterrizaron tenía el emblema de la PGR, pero los soldados no hicieron caso de nada y siguieron disparando.

"El piloto y el copiloto que se habían quedado a bordo del avión se comunicaron por radio con el Cessna Citation de Aduanas que estaba sobrevolando el Llano, y también con las oficinas centrales de la PGR en México.

"La PGR se comunicó de inmediato con el general que estaba a cargo de esa zona en Veracruz —Alfredo Morán Acevedo, comandante de la XVI Zona Militar—, pero el tipo no hizo caso. El general los mandó a chingar a su madre."

—¿Qué hizo entonces la PGR ante la negativa del general?

—Se hizo una segunda llamada, no sé con quién, pero luego se volvieron a comunicar con el general y éste entendió la situación, aunque dijo que había que ver como terminaba todo eso.

"Todavía estaba la balacera entre los militares y los elementos de la PJF cuando llegó al Llano el general con otro grupo del Ejército. Mataron a siete de los ocho agentes de la PJF. El asesinato de los elementos de la PGR ocurrió cuando los militares intensificaron el fuego, o sea, cuando llegó el general y su tropa.

"Nosotros lo vimos todo porque en tiempo real lo estábamos recibiendo por medio del FLIR que tenía el Cessna de Aduanas."

—¿Qué hicieron los militares después de que mataron a los agentes de la PJF?

—El general dio la orden de que rodearan el Cessna Centurion, que llevaba 370 kilos de cocaína procedente de Colombia. Y con otros soldados a su lado, el mismo general se acercó al avión de la PGR y fue entonces cuando descubrieron al piloto, al copiloto y al agente que sobrevivió a la balacera. Los iban a matar, aun cuando los sobrevivientes se identificaron como personal de la PGR.

"Pero de nada les valió, sólo que el piloto de pronto le dijo a uno de los soldados: 'Mira esa avioneta que está allá arriba, es de los gringos y está grabando todo'.

"El general estaba muy enojado y le dice al piloto: 'Ordena por radio que aterrice el avión'. Pero el piloto le responde que él no puede ordenarle nada. Eso fue lo que les salvó la vida."

—¿Cuál fue la reacción del general?

—No sabía qué decir, tartamudeaba de coraje. Comentó que no sabía que eran judiciales federales, pero el piloto le dijo que antes de que los mataran sus compañeros se habían identificado y que además varios llevaban chalecos y ropa con el emblema de la PGR y de la PJF.

"Los siete agentes de la PJF que asesinaron los soldados mexicanos en el Llano de la Víbora fueron: Roberto Javier Olivo Trinker, Juan José Arteaga Pérez (llevaba camiseta con el emblema de la PJF), Ernesto Medina Salazar (portaba gorra y chaleco con emblema de la PGR), Óscar Hernández Sánchez, Miguel Márquez Santiago, Abel Ángel Acosta Pedroza (con uniforme de la PJF) y Francisco Zuviri Morales.

"Lo que condenó al general [Morán Acevedo] y al Ejército fueron los resultados de las autopsias que se les practicaron a los cadáveres de los agentes de la PJF —enfatiza Vigil—. Algunos tenían muestras de que habían sido atacados a culatazos y tenían un tiro de gracia en la boca; sólo un soldado resultó herido en la balacera.

"Los tres sobrevivientes de la masacre en el Llano de la Víbora fueron: Eduardo Salazar Carrillo, jefe del grupo de la PJF adscrito a la Dirección General de Intercepción de la PGR, el piloto Jesús Rodríguez García y el copiloto Jorge Héctor Orring Urista."

—¿A quién pertenecía la cocaína que llevaba el Cessna?

—Nunca logramos descubrir a quién pertenecía la cocaína, pero siempre pensamos que la mercancía la había comprado en Colom-

Richard Nixon aprovechó la debilidad de Luis Echeverría y lo presionó para que México permitiera el inicio de operaciones encubiertas de la DEA en territorio nacional. En 1974 se formalizó la presencia de los agentes estadounidenses en nuestro país.

En la imagen, Nixon y Echeverría durante una inspección de tropas estadounidenses en junio de 1972.

El agente de la DEA Mike Vigil llegó a Hermosillo, Sonora, a principios de 1978, en su primera asignación oficial como policía antidrogas en México. La fotografía fue tomada en algún lugar en la sierra de Sinaloa, donde se aprecia al estadounidense armado con un cuerno de chivo.

En la imagen aparecen Mike Vigil y otro agente de la DEA con soldados mexicanos después de un operativo.

De acuerdo con el testimonio del propio Vigil, cuando los agentes se entrevistan con narcotraficantes, siempre llevan consigo bastante dinero en dólares.

En la imagen, un avión detenido por autoridades mexicanas en la zona occidental del territorio nacional el 6 de noviembre de 1995. La aeronave, que probablemente venía de Colombia, iba cargada con 803 kilogramos de cocaína.

Uno de los capos más poderosos que se especializó en transportar droga por esa vía fue Amado Carrillo, *El Señor de los Cielos*.

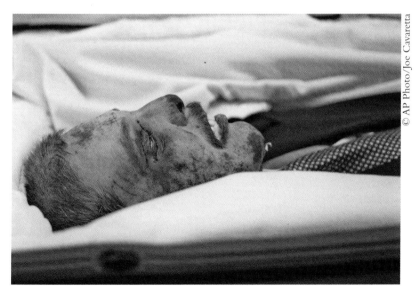

Amado Carrillo Fuentes fue considerado por la DEA el narcotraficante más inteligente de México: discreto para hacer sus negocios y eficaz para corromper, matar y pactar con las autoridades. Murió en julio de 1997 en un hospital de la ciudad de México tras someterse a una cirugía plástica.

Miembros de la Marina estadounidense escoltan el féretro de Enrique *Kiki* Camarena durante un homenaje que le rindieron en San Diego, California, en marzo de 1985.

Camarena filtró al Ejército mexicano información sobre el inmenso plantío de marihuana ubicado en el rancho El Búfalo, al sur de Chihuahua. En represalia, el grupo criminal liderado por Rafael Caro Quintero lo asesinó el 9 de febrero del mismo año.

Humberto Álvarez Machain fue acusado por el gobierno de Estados Unidos de haber participado en el asesinato del agente Camarena. De acuerdo con algunas versiones, el doctor ayudó a mantener vivo al agente estadounidense para extender la tortura y obligarlo a responder dónde vivían todos los agentes de la DEA en México. Después de un juicio en Los Ángeles, se desestimaron los cargos en su contra y Álvarez Machain regresó a Guadalajara en 1992.

Miguel Ángel Félix Gallardo fue el patriarca de toda una familia criminal que se dividió y fundó los cárteles que actualmente dominan el país. Conocido como *El Padrino*, se convirtió en el zar de la cocaína en México en la década de los ochenta.

Rafael Caro Quintero, uno de los fundadores del llamado Cártel de Guadalajara, fue acusado por el asesinato del agente Enrique *Kiki* Camarena. La DEA lo buscó hasta por debajo de las piedras por haber torturado y matado a uno de los suyos.

Durante el sexenio de Felipe Calderón, el Pentágono presentó un plan para acabar con *El Chapo* Guzmán a partir del mismo esquema que siguieron en la operación donde fue asesinado Osama Bin Laden en Pakistán; sin embargo, la Sedena se opuso a tal propósito.

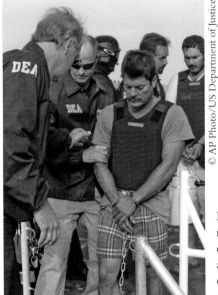

El grupo criminal de los hermanos Arellano Félix desató una ola de violencia al iniciar ataques y asesinatos de familiares de cárteles contrarios, rompiendo acuerdos no escritos entre mafias.

En la imagen, Francisco Javier Arellano Félix, *El Tigrillo*, el hermano menor de la familia, quien fue capturado por la DEA y sentenciado a cadena perpetua en 2007. Su detención acabó por debilitar al Cártel de Tijuana.

Vicente Zambada Niebla, *El Vicentillo*, uno de los príncipes del cártel de Sinaloa que, a cambio de su libertad, podría traicionar hasta a su padre, Ismael *El Mayo* Zambada. Fue detenido en 2009 por las autoridades mexicanas porque no se cumplió su deseo de ser informante de la DEA. La misma dependencia federal estadounidense se lo entregó al gobierno de Calderón.

© Bettmann/CORBIS

Vista aérea de las oficinas centrales de la CIA, ubicadas en Washington D.C. Aquí es donde se establecen las estrategias de inteligencia antidrogas que se implementan en México. Miembros de esa dependencia fueron los que ubicaron a Arturo Beltrán Leyva en 2009, en Cuernavaca, quien murió en un enfrentamiento entre los miembros del cártel y la Marina.

© AP Photo/Manuel Balce Ceneta

Oficinas centrales del FBI. El organismo cuenta con informantes infiltrados en los cárteles y dependencias federales mexicanos, pero muchas veces sus espías no tienen exclusividad, como sucede con la DEA.

El éxito de la DEA reside en su red de informantes integrada por criminales, funcionarios, policías y militares mexicanos. Todos los agentes que han estado en el país se oponen a dar números de cuántos informantes han muerto o desaparecido.

"Al inicio de su mandato, cuando desplegó al Ejército en el estado de Michoacán, nosotros decíamos que [Calderón] sí quería hacer algo. Pero luego mira lo que ha pasado, los capos del narcotráfico siguen ahí", asevera el agente de la DEA José Baeza, quien salió de México en 2008. En la imagen, Felipe Calderón y el ex gobernador de Michoacán Leonel Godoy, junto con los entonces secretarios de Defensa y Marina: Guillermo Galván (izquierda) y Francisco Saynez (derecha).

bia Ramón Alcides Magaña, *El Metro*, quien dominaba la plaza de Yucatán.

—¿Qué pasó con la pareja que aterrizó con el avión?

—No sabemos; entraron al bosque, pero ya no estaban en la zona cuando aterrizó la avioneta de la PGR y con el tiroteo se perdieron. Nuestra teoría fue que el Ejército estaba apostado a la orilla del Llano para proteger el cargamento hasta que llegaran las personas adecuadas a recoger la carga. Suena lógico, porque luego de que aterriza el avión con la droga, la pareja sale de la nave y camina como si nada justo por donde estaban escondidos los soldados. Los militares no hicieron nada contra la pareja; no dispararon hasta que aterrizó el avión de la PGR.

"También llegamos a pensar que el plan original que acordaron los narcotraficantes con el general consistía en que los soldados apostados en el Llano vigilaran la avioneta hasta que llegara otro grupo de militares a recoger la cocaína, o de plano a llevarle la droga al *Metro* directamente a Yucatán en el mismo Cessna."

—¿Qué ocurrió en la embajada de Estados Unidos después de que usted reportó todo el incidente a sus jefes?

—Hubo muchas reuniones en la embajada y en Washington, en la DEA, en el FBI y en otras agencias federales. Estábamos muy sorprendidos por la masacre y porque estaba claro que el Ejército estaba en ese lugar de la balacera para proteger el cargamento de la droga. Varios de mis compañeros y yo nos sentíamos muy mal porque conocíamos a varios de los agentes de la PJF que masacró el Ejército. Eran jóvenes muy capaces.

—¿Lo del Llano de la Víbora cambió en algo la colaboración de la DEA con el Ejército?

—Claro que sí; se perdió la poca confianza que ya habíamos recuperado en ellos después de lo de *Kiki* Camarena. Además sucedió otra cosa interesante. Como una o dos semanas después de que ocurrió la masacre, el piloto que sobrevivió hizo varias llamadas a la embajada pidiendo hablar conmigo, pero quería que la reunión se llevara a cabo en la sede de la embajada.

"Lo recibí y me contó que lo estaban persiguiendo, que lo mantenían vigilado unos tipos vestidos de civil, quienes por su corte de pelo parecían ser militares. Me dijo que tenía miedo, que le habían enviado mensajes en los cuales le advertían que iban a acabar con su reputación y con la de su familia. Que lo iban a acusar de estar metido en el narco. A los pocos días de que se reunió conmigo en la embajada salió de la Ciudad de México, pero fue testigo en el proceso contra el general. Terminó su relación laboral con la PGR y tengo entendido que después cruzó la frontera norte de México."

—¿Dónde quedó la grabación que hizo el avión del Servicio de Aduanas?

—Como la masacre fue hacia las seis de la mañana, ese mismo día Aduanas mandó la grabación a Washington. Los imbéciles de Aduanas enviaron la grabación original, sin hacerle copia.

"A mí la PGR me estaba pidiendo la copia de la grabación porque era evidencia clara contra el general y su tropa. En la Sedena y en la presidencia se pusieron muy nerviosos porque la PGR no tenía copia de la grabación. Ya no se podía hacer nada; la original se había mandado a Washington. Ese día de la masacre, por la tarde, casi me agarro a golpes con el jefe de Aduanas.

—¿Cómo se llamaba el jefe de Aduanas?

—Ya no me acuerdo, era un chaparrito… Pero el caso es que casi nos agarramos a golpes afuera de la embajada; estábamos discutiendo en la calle que está en la parte posterior a Reforma.

"Le dije de todo, que cómo era tan estúpido de mandar la grabación a Washington sin antes haberle hecho una copia, que la PGR exigía la grabación. Unos cuantos días después el Servicio de Aduanas en Washington envió una copia de la grabación y se la entregamos a la PGR."

Repercusiones del caso

La masacre de los siete agentes de la PJF en Veracruz fue un hecho que recogió la prensa internacional, en especial la de Estados Unidos. Así, el 30 de mayo de 2012, a raíz del escándalo de corrupción por narcotráfico de los generales que el gobierno de Calderón ligó al Cártel de los Beltrán Leyva, el *New York Times* revivió el caso de la masacre de Veracruz.

"El 99 por ciento de las veces la DEA va a tratar con las agencias de la aplicación de la ley, no con los militares", declaró al *New York Times* Michael Braun, quien hasta el año 2008 fuera el jefe de operaciones de las 227 oficinas nacionales y las 86 internacionales que tiene la DEA.

En el artículo "Agregando una inquietud a la alianza de la guerra a las drogas, casos de corrupción fortalecen la aversión de Estados Unidos para confiar en el Ejército mexicano", el ex jefe de operaciones de la DEA hace referencia al asesinato de los siete agentes de la PJF en Veracruz como ejemplo de la corrupción por narcotráfico en la Sedena:

> Braun [...] recuerda haber ayudado a monitorear a un grupo de oficiales de la policía [mexicana] cuando perseguían a un avión con droga en el sur de México a principios de la década de los noventa.
>
> Cuando aterrizó, los agentes se acercaron a la nave pero fueron interceptados por soldados, quienes, dice el señor Braun, los ejecutaron en la pista. Ellos no sabían que el Ejército estaba resguardando la carga. Nadie lo sabía.

Al ser cuestionado sobre el artículo del diario neoyorquino y acerca de las declaraciones que hiciera Braun a éste, Mike Vigil aclaró que el ex jefe de operaciones de la DEA no estuvo involucrado en el caso del Llano de la Víbora.

131

"Braun no estuvo colaborando en el monitoreo de ese incidente; él ni siquiera estaba en México y en ese tiempo creo que era jefe de grupo en la DEA, pero él nada tuvo que ver con ese caso", indicó el ex agente antinarcóticos estadounidense.

Vigil acotó que en la prensa de Estados Unidos y en la de México es común encontrar declaraciones que hacen algunos funcionarios de la DEA en Washington sobre casos específicos de un cártel o de un narcotraficante, sin que estén bien informados.

"Muchos de estos funcionarios que hacen ese tipo de declaraciones desconocen el trabajo de campo y de investigación que realizan los agentes de la DEA, simplemente porque no lo han hecho. Algunos de estos funcionarios nunca han emprendido trabajos encubiertos en los lugares donde se arriesga la vida", concluye Vigil.

Otros de los agentes entrevistados para este libro están totalmente de acuerdo con lo expresado por Vigil sobre la labor desinformada de algunos jefes de la DEA en Washington.

"Hay algunos, no todos, que ocupan puestos importantes porque se han dedicado a cultivar sus relaciones políticas, no por sus méritos en el verdadero trabajo de los agentes de la DEA. Sé de algunos, porque he leído sus declaraciones en la prensa de mi país o de México, que hablan del narcotráfico mexicano como si en verdad lo conocieran. Son tipos que sólo van a México cuando hay actos oficiales, pero que nunca han puesto un pie en las plazas del narcotráfico", remata otro de los agentes de la DEA, quien por obvias razones no quiso que se le identificara, pero que aplaudió a Vigil por atreverse a esclarecer lo dicho por Braun al *New York Times*.

No se puede dejar de consignar (y de resaltar) otro hecho posterior: la madrugada del 20 de junio de 2011, Miguel Ángel López Velasco, autor del libro *Masacre en el Llano de la Víbora*, columnista y subdirector del periódico local *Notiver*, fue asesinado en su domicilio junto con su esposa Agustina Solana de López y su hijo de 21 años de edad, el reportero gráfico Misael López Solana.

9

Informes de la DEA y políticos mexicanos

En la oficina central de la DEA en México cada semana se lleva a cabo una reunión para evaluar el trabajo en la lucha contra las drogas, con el objeto de definir estrategias, coordinar operativos, asignar casos a las oficinas regionales y formular "los informes de inteligencia" que de la embajada de Estados Unidos salen para Washington.

Sandalio González, quien estuviera asignado a la oficina de la DEA en la Ciudad de México durante parte del sexenio de Carlos Salinas de Gortari, explica que en esos informes se hace una "recopilación total" de la información que reciben sobre el problema del narcotráfico y todas sus vertientes. Los documentos contienen los datos que recibe la DEA de parte de sus informantes, de lo que escuchan los agentes distribuidos por todo el país, y los que les proporcionan policías, políticos y militares mexicanos, entre otras fuentes.

A esos informes que elabora la DEA en la capital mexicana, a los cuales también se les integran los informes que envían las oficinas regionales, se les añade información clasificada que entregan otras agencias federales de Estados Unidos con presencia en México, como la CIA, el FBI, Aduanas y el Pentágono.

LAS OFICINAS BINACIONALES DE INTELIGENCIA

Desde el sexenio de Salinas de Gortari hasta de Felipe Calderón Hinojosa, la modificación más notable que han sufrido los informes de inteligencia que envía la DEA a Washington es la inclusión de los reportes clasificados sobre narcotráfico que recolectan todas las agencias de Estados Unidos concentradas en las dos Oficinas Binacionales de Inteligencia (OBI), creadas bajo el cobijo de la llamada Iniciativa Mérida. En estos dos centros de captación de información de inteligencia —que más bien parecen ser de espionaje—, uno localizado en el Distrito Federal y el otro en Escobedo, Nuevo León, el gobierno estadounidense se informa de todo lo que ocurre en el país. Las OBI están equipadas con la tecnología de espionaje más avanzada que posee Estados Unidos.

Por los estatutos de la Iniciativa Mérida se supone que la función de estos centros debería ser la de recolectar información relacionada con el trasiego de drogas y el crimen organizado. Pero las OBI son aprovechadas por las agencias federales estadounidenses, como la CIA y el Pentágono, para enterarse de todo lo que ocurre en el país, incluido lo que pasa en los círculos políticos, empresariales y militares.

En las OBI del Distrito Federal y Escobedo operan la Agencia Militar de Inteligencia, la Oficina Nacional de Reconocimiento y la Agencia Nacional de Seguridad (NSA), por parte del Pentágono. En representación del Departamento de Justicia, en las OBI también se encuentra personal del FBI, de la DEA y de la Agencia de Alcohol, Tabaco, Armas de Fuego y Explosivos. Además, el Departamento de Seguridad Interior cuenta con la Oficina de Inteligencia de la Guardia Costera y con el Servicio de Inmigración y Control de Aduanas de Estados Unidos. La Oficina de Inteligencia sobre Terrorismo y Asuntos Financieros es la dependencia que representa al Departamento del Tesoro.

Todas las agencias de Estados Unidos que colaboran con sus contrapartes mexicanas en las OBI reciben datos de inteligencia sobre el narcotráfico. Cada agencia revisa la información que obtiene, la depura y luego sólo entrega a la DEA una parte de los datos obtenidos. Las contrapartes mexicanas reciben información todavía más diluida que la que transfieren las agencias estadounidenses a la DEA.

El celo y la competencia entre las dependencias federales de inteligencia de Estados Unidos siempre ha sido uno de sus rasgos distintivos. De ahí que en la DEA hagan un análisis exhaustivo a los reportes que reciben de las agencias estadounidenses integradas en las OBI antes de agregar los datos a los informes de inteligencia que deben mandar a Washington.

—¿Quiénes participan en las reuniones semanales que se realizan en la oficina de la DEA en la embajada? —se le pregunta a González.

—El embajador en turno, los jefes de la DEA y los representantes de las oficinas de las secretarías de Estado. En la oficina central de la DEA en México se hacen reuniones diarias, pero sólo entre su personal, y son para elaborar los informes internos.

—¿Por la oficina de la Ciudad de México pasa todo lo que recogen las oficinas regionales de la DEA sobre el narcotráfico?

—Sí. En la oficina de la Ciudad de México hay analistas y su trabajo es revisar todos los informes de inteligencia que elaboran las oficinas regionales, las cuales tienen la obligación de enviarlos al Distrito Federal.

Los agentes de la DEA reconocen que los informes de inteligencia que en Washington reciben el Departamento de Justicia y el Departamento de Estado es una recolección de información que "no está corroborada". Es más bien una redacción ordenada de tips, rumores, nombres de narcotraficantes, direcciones de narcobodegas en Estados Unidos y números de cuentas bancarias en México, el Caribe, Europa y la Unión Americana.

135

EXPEDIENTES CON NOMBRES Y APELLIDOS

Los expedientes formulados en la central de la DEA en México incluyen nombres de personas presuntamente involucradas con el narcotráfico; entre éstos sobresalen los de políticos, policías, empresarios, periodistas y militares mexicanos. Otro agente resguardado en el anonimato subraya:

> Con la información recopilada en los informes de inteligencia que envía la DEA en México a Estados Unidos se elaboran los procesos judiciales contra todas las personas señaladas en el tráfico de drogas.
>
> Los encausamientos [judiciales] que se hacen en Estados Unidos contra cualquier persona son una causa probable. Esto es muy importante porque todos los cargos que se le imputan a una persona con los datos que envía la DEA a Washington deben ser comprobados ante una corte federal.

En resumen, todas las personas a quienes los agentes de la DEA en México relacionan con el narcotráfico son sospechosas pero no culpables, a menos que se les pueda comprobar lo contrario.

—¿Se puede decir que la información de los reportes de inteligencia es parcialmente falsa? —se le cuestiona a otro de los agentes que aceptó colaborar con el autor bajo la condición del anonimato.

—En términos jurídicos se puede decir que sí. Si la DEA acusa a equis persona de tráfico de drogas o lavado de dinero ante una corte federal, en el juicio tiene que probar los cargos que imputa. En las audiencias previas, cuando se presenta ante la corte al acusado, éste puede salir en libertad provisional si el juez a cargo del caso así lo considera, ya sea porque no confía en lo que dice el encausamiento, o porque acepta el pago de una fianza.

—¿A la DEA se le han venido abajo casos de narcotraficantes?

—Muchos a nivel federal, pero no de criminales importantes. Ningún juez federal se atrevería a dejar en libertad condicional a [Joaquín] *El Chapo* Guzmán, aun cuando se lo presentaran con cargos difíciles de probar por parte de la DEA.

"Cuando a la DEA se le viene abajo el caso de un narcotraficante no tan importante en una corte federal, porque no logra probar los cargos, o porque los corrobora parcialmente, lo que hace es enviar inmediatamente el encausamiento a una corte estatal, donde los jueces son menos exigentes y por lo regular al acusado se le recluye a la cárcel por un periodo de tiempo moderado."

Este agente de la DEA, que ha trabajado en dos periodos distintos en México durante los últimos 16 años, aclara que la función de los agentes antinarcóticos estadounidenses consiste en generar información que pueda resultar en la confiscación de drogas, en el desmantelamiento de los cárteles del narcotráfico y en el arresto de sus integrantes. "Probar las acusaciones ante las cortes es tarea de los fiscales del Departamento de Justicia", matiza el agente.

Con el torrente de información de inteligencia que envía la DEA a Washington se conforman expedientes criminales contra personas que tal vez ni sepan que se encuentran bajo la lupa de la justicia de Estados Unidos. Pero está comprobado que la principal fuente de información de la DEA en México son los criminales que tiene infiltrados en los distintos cárteles del narcotráfico. Y también los policías corruptos, los informantes de policías y los militares mexicanos son fuente de información de la DEA.

En el complejo mundo del narcotráfico de México nadie sabe cuántos de los informantes de la DEA pueden ser enviados encubiertos por los mismos cárteles del narcotráfico, cuya misión sea confundir a los policías antinarcóticos estadounidenses.

Así, los "casos" que construyen los agentes de la DEA en México contra los narcotraficantes corren el riesgo de ser sólo mentiras e invenciones de posibles criminales. Pero sería un error decir que es falsa toda la información que recibe la DEA en México. El agente de la DEA que ha trabajado en México durante los últimos años, lo explica en estos términos:

> Lo más importante de la información que se consigue es que de ésta puedes sacar datos que te lleven a comprobar tal vez un solo caso. Y esa es ya una gran victoria.
>
> Nosotros vamos a México para cortarle la cabeza a los cárteles, no para recortarles las alas. Es por eso que en contra del *Chapo*, por ejemplo, en Estados Unidos posiblemente haya cientos de encausamientos judiciales en decenas de estados del país. Cada vez que llega información con su nombre incluido, ese dato se usa para amarrar una acusación en su contra en California, y a lo mejor otra en Nueva York.

NOMBRES DE FUNCIONARIOS Y POLÍTICOS APARECEN CON FRECUENCIA

—¿Qué hace la DEA cuando en los informes que recibe se mencionan casos de corrupción por narcotráfico de funcionarios o políticos importantes de México? —se le pregunta a González.

—Se elabora un informe y nada más.

—¿Sólo se elabora el informe y se envía a Washington?

—No; bueno, también se les informa a las autoridades de la embajada, al embajador, al jefe de la misión consular y a todos los representantes de las agencias federales que les interese el dato.

—¿Se le informa al gobierno de México, es decir a la PGR, a la Secretaría de Gobernación o a la Presidencia?

—La DEA nunca lo informa porque no le corresponde hacerlo. Posiblemente esa sea tarea del embajador de Estados Unidos; pero si lo hace, él asume toda la responsabilidad. El trabajo de la DEA no consiste en reportar la corrupción que hay en el interior del gobierno mexicano. Además, no se debe ni se tiene que hacer, porque si lo haces lo primero que te van a preguntar es el nombre de quien te lo dijo, o la manera como se consiguió esa información. La DEA no puede ni debe revelar sus fuentes de información a nadie, menos a un gobierno extranjero.

—¿Son frecuentes los reportes que recibe la DEA con casos de corrupción por narcotráfico de funcionarios y políticos mexicanos?

—Por supuesto. La mayor parte de esta información proviene de informantes y muchas veces también de reportes que surgieron en Estados Unidos; recopilados por datos que proporcionaron delincuentes detenidos allá por el delito de narcotráfico.

"Son delincuentes que integran las células de los cárteles de México en Estados Unidos, la mayoría son ciudadanos mexicanos, quienes para evitar pasar un largo periodo en la cárcel deciden cooperar con las autoridades delatando a sus colegas y denunciando a políticos, policías y a quien se les antoje."

—¿Qué precauciones toma la DEA o la embajada de Estados Unidos en México con un político o funcionario asociado con el narcotráfico?

—Lo lógico es tener más cuidado cuando se deba tratar con él. Si es policía o funcionario involucrado en la lucha contra el narcotráfico, simplemente se deja de compartir información con él. Aunque esto no quiere decir que la DEA deba terminar su relación con un funcionario o un político corrupto; esto no se puede hacer.

"Hay que mantener la relación, porque cuando un funcionario ha sido comprado por un cártel, esta persona le puede servir a la DEA para desarrollar una investigación. Si se manipula bien al corrupto, se le pueden sacar datos que al final incluso podrían servir hasta para condenarlo a él mismo en Estados Unidos si es extraditado."

Raúl Salinas de Gortari

Pese a que se les pidió dar a conocer nombres de funcionarios o políticos mexicanos a quienes se les encontraron nexos con el narcotráfico durante el sexenio de Salinas de Gortari, el ex agente González se abstuvo de hacerlo. Habló siempre con generalidades.

—¿En los informes de inteligencia que envió la DEA a Washington sobre el caso de funcionarios o políticos mexicanos corruptos se mencionaban las cantidades de dinero que recibían del narco?

—A veces se veían cantidades; pero siempre se duda de la veracidad de esta información porque es imposible saber cuánto les pagan. Se especula todo tipo de cifras. En México es muy común recibir información de un traficante, de un informante o de alguien detenido por narcotráfico que diga: "Sí, a fulano de tal, o a este gobernador, al comandante, al presidente municipal, al diputado, al general, al coronel o al senador, el jefe del cártel le dio tanto dinero por tal plaza en tal estado".

—Cuando usted trabajó en México estaba en su apogeo el caso de Raúl Salinas de Gortari. ¿Con qué cárteles se le ligó al hermano del ex presidente?

—Se hablaba de varios, como Amado Carrillo Fuentes, Juan García Ábrego, Osiel Cárdenas Guillén y otros, pero con nadie directamente. No había nada concreto en contra de él. No dudo que recibiera dinero del Cártel del Golfo; eso se mencionaba mucho en ese tiempo, pero no se pudo comprobar.

—¿Se ligó en alguna ocasión a Carlos Salinas de Gortari con el narcotráfico?

—Se escuchaba algo así del presidente Salinas. Se le mencionó en varios informes de inteligencia. La verdad es que en su gobierno había mucha información sobre corrupción por narco; llegaban muchos datos que acusaban de corrupto a casi todo el mundo

140

en el gobierno. Se decía incluso que protegían a algún cártel en específico. Me acuerdo que en uno de los informes sobre negocios de tráfico de drogas y de armas a Raúl Salinas se le asoció con los sandinistas de Nicaragua. Igual, no se pudo comprobar nada.

—¿En Estados Unidos se elaboran expedientes de funcionarios o políticos mexicanos acusados de estar coludidos con el narcotráfico por los informes de la DEA?

—De eso se encargan otras agencias de Estados Unidos, como la CIA, la NSA y el FBI. Eso no le corresponde a la DEA; a ésta sólo le toca pasar la información y ya.

"Los expedientes de funcionarios o políticos mexicanos que hacen en Washington dependen mucho de la calidad de la información y de la importancia que tenga el político o el funcionario. Estos informes se utilizan como catalizadores de la situación del gobierno de un país. En México, como en otros países de América Latina, nunca se sabe si un político que pudo haber estado ligado al narcotráfico hace 20 años dentro de dos se convertirá en presidente."

En sus distintas etapas como agente de la DEA en México, a Mike Vigil le tocó revisar reportes sobre políticos corruptos por narcotráfico en el sexenio de Ernesto Zedillo Ponce de León.

Vigil tampoco da los nombres de los narcopolíticos que analizó y hasta investigó. Acepta que uno de éstos, "tal vez el más importante e interesante", fue el caso de Raúl Salinas de Gortari.

Del hermano del ex presidente se decían muchas cosas, pero no se tenía mucha evidencia. Había incluso gente de la PGR que quería investigar a fondo el caso, pero tenían miedo porque el problema era que no se contaba con ninguna prueba.

En la DEA no teníamos nada concreto contra Raúl, pero aun así en la PGR nos pedían todo lo que tuviéramos sobre él, porque ya había sido detenido por órdenes del presidente Zedillo.

—¿Nunca llegó a la DEA información sólida con la que se pudiera fundamentar la relación de Raúl Salinas de Gortari con el narcotráfico?

—Sólo teníamos lo que se recogía de rumores. Había un reporte, que no pudimos confirmar, de que Raúl Salinas había estado con García Ábrego en una fiesta en Monterrey.

"En otros reportes se le ubicaba en algunas ciudades de Sinaloa, y en otros en Guadalajara, donde supuestamente se había reunido con narcotraficantes.

"La PGR quería todo lo que existiera sobre Raúl. Yo le advertí al gobierno de Zedillo que la información de nuestros reportes no se había comprobado; pero aun así insistieron en que les entregara todo lo referente a Raúl y el narcotráfico, aunque no estuviera corroborado y sólo se tratara de rumores.

"Con todo lo que había, redacté un documento del caso Raúl Salinas de Gortari. Ese documento se lo entregué personalmente a la PGR. Sólo que el resumen del caso de Raúl lo escribí en una hoja de papel sin el membrete de la DEA; incluso lo firmé haciendo unos garabatos, algo parecido a mi firma."

—¿Por qué firmó de esa manera el documento?

—Lo hice a propósito porque sabía que tarde o temprano alguien le iba a filtrar a la prensa ese documento, y al parecer eso fue lo que sucedió. Pero fíjate cómo se hacen las cosas en México; con ese documento, sin el membrete de la DEA, la PGR logró que en Suiza se le congelara una cuenta bancaria a Raúl Salinas.

—Antes del sexenio de Zedillo usted trabajó en México, en las décadas de los setenta y los ochenta. ¿Cómo era la corrupción por narcotráfico en esos años?

—Había mucha corrupción, pero en esos años los políticos, los funcionarios, los policías y hasta los militares corruptos por narcotráfico no comprometían los casos de la DEA. Es más, estábamos obligados a sostener relaciones personales con muchos de los corruptos, porque sólo así podíamos confiscar algún cargamento de droga o conseguir que arrestaran a algún mafioso.

"En esas épocas había más policías corruptos que funcionarios del gobierno. En todo nivel, federal, estatal y municipal. Reconozco que había policías con quienes definitivamente la DEA no podía colaborar porque eran 'corruptos pero a morir'."

—¿Entonces no había mucha corrupción por narcotráfico de políticos en esas dos décadas?

—No dije eso. Se escuchaba que algunos gobernadores tomaban dinero de los narcotraficantes. También pasaba algo curioso: los mafiosos de esos años respetaban acuerdos y no revelaban los nombres de los políticos que tenían dominados con su cartera.

"En los setenta y ochenta se rumoraba mucho que los gobernadores de los estados del norte de México tenían acuerdos con los narcotraficantes, y ya ves que justo hasta ahora empiezan a salir esos informes. Para acusar formalmente a alguien hay que tener las pruebas en su contra para recluirlo a la cárcel. Lo que sí puedo decir con toda seguridad es que los policías municipales, estatales, y hasta los federales, eran y siguen siendo muy fáciles de corromper por parte del narcotráfico, y ése es el gran problema de México."

GENARO GARCÍA LUNA

Desde finales de la última década del siglo pasado, y con más frecuencia a partir del sexenio de Vicente Fox, en 2000, el de Genaro García Luna es el nombre del funcionario mexicano más mencionado en los informes de las agencias de inteligencia de Estados Unidos. Al secretario de Seguridad Pública del gobierno de Calderón se le ha ligado con varios narcotraficantes, pero nada se ha podido comprobar al respecto.

143

De los agentes de la DEA en México ninguno se atreve, hasta ahora, a desmenuzar el contenido de los informes que han enviado a Washington donde se menciona el nombre de García Luna. Los agentes consultados ni confirman ni desmienten la existencia de esos informes.

Al agente de la DEA José Baeza le tocó laborar en México durante gran parte de la gestión de García Luna al frente de la Secretaría de Seguridad Pública.

—¿En su última etapa como agente de la DEA en México —que terminó en 2008— usted recibió información referente a alguna relación de García Luna con el narcotráfico? —se le pregunta a Baeza.

—Yo no cuento con información a partir de la cual pueda asegurar que es, o que no es, un corrupto. En todos los años que tengo de haber trabajado en México siempre ha habido rumores de corrupción por narcotráfico por parte de funcionarios que colaboran mucho con las agencias de Estados Unidos. Averiguarlo y comprobarlo es difícil.

"Si no tienes pruebas de nada, debes seguir trabajando con ese funcionario. Para sacar adelante nuestro trabajo en México muchas veces tenemos que colaborar con funcionarios que incluso sabemos que son corruptos. Más aun cuando debemos trabajar con nuestra contraparte, de quien sólo existen rumores acerca de una supuesta relación con los narcos, y no hay nada comprobado."

Cuatro de los agentes entrevistados para este proyecto han estado en México durante la gestión de García Luna al frente de la SSP y cuando fue titular de la Agencia Federal de Investigación (AFI) en el sexenio de Fox.

Ninguno de estos agentes negó haber escuchado rumores de la presunta relación de García Luna con narcotraficantes. Todos, los cuatros agentes de la DEA, sostienen rotundamente que, más allá de los rumores, García Luna es posiblemente el funcionario mexicano que más ha colaborado con Estados Unidos para acabar con los cárteles del narcotráfico en México y en Centroamérica.

OTRAS FUENTES DE INFORMACIÓN

Los informes de inteligencia que envían a Washington los agentes de la DEA en México incluyen, en ocasiones "excepcionales", algunos datos que se recogen de la prensa mexicana, aunque en su mayoría provienen de los periódicos y las revistas que se publican en algunas plazas del narcotráfico como Ciudad Juárez, Culiacán, Hermosillo y Tijuana.

González afirma que casi ningún agente de la DEA lee la prensa mexicana para informarse de lo que ocurre con el narcotráfico en el país. Explica que en la embajada de Estados Unidos esta tarea la llevan a cabo los analistas, no los agentes.

> No es algo que se considere como esencial o importante. En la DEA se piensa que la prensa está totalmente controlada por el gobierno mexicano. Por eso siempre se maneja con mucho escepticismo lo que reportan los periódicos nacionales.
>
> A la DEA llegan también reportes con nombres de periodistas que supuestamente trabajan para el narcotráfico, o que reciben dinero de los cárteles. Estos casos no se investigan mucho; a la DEA no le interesa tanto saber si un periodista recibe dinero del narcotráfico.

—¿Tiene la DEA otras fuentes de información no convencionales para elaborar los informes de inteligencia?

—La intervención de llamadas telefónicas de personas que viven en Estados Unidos y que están involucradas con el narcotráfico mexicano. Se graban muchas llamadas que realizan las personas de Estados Unidos a México.

145

"En la DEA existe una enorme base de datos con nombres de personas que viven en Estados Unidos y que tienen números de teléfono intervenidos. El FBI también hace lo mismo."

—¿Qué seguimiento se le da a las llamadas telefónicas que se hacen de Estados Unidos a México? ¿Se comparte esa información con el gobierno mexicano?

—Depende de la investigación. Si nos están mandando información de una oficina en Estados Unidos sobre números de teléfonos mexicanos, esa oficina puede pedirnos que no se comparta la información con el gobierno de México. A veces te piden que intercambies la información y que solicites al gobierno mexicano más datos sobre el número del teléfono intervenido. En otras situaciones ocurre todo lo contrario; porque se descubre que hay policías mexicanos involucrados con el caso que se investiga.

Los agentes de la DEA aceptan que los informes de inteligencia no son la clave para acabar con el narcotráfico, pero sí una herramienta peligrosa que en ocasiones favorece y en otras entorpece la causa policiaca. A manera de conclusión, uno de los agentes que pidió no se le identificara, expresa:

Muchas veces sólo son informes y no se hace nada con ellos porque no contienen nada valioso. La mayor contribución de estos informes a la lucha internacional contra el narcotráfico es que a los agentes les dan pistas para investigar. Después de que los informes se revisan en Washington y se toma una decisión al respecto, al jefe de la DEA en México se le da una orden específica sobre algún asunto en particular, con lo cual el jefe hace la asignación a la oficina regional que le corresponda el caso. Ésta es la realidad de los informes de inteligencia del narcotráfico en México, aunque en la prensa mexicana se han escrito muchos mitos sobre ellos, que no son otra cosa más que eso: mitos.

10

Cuando desaparece la droga

La misión de los agentes de la DEA es detectar, ubicar y confiscar todos los cargamentos de droga posibles. La casi incontenible demanda y consumo de los narcóticos en Estados Unidos obliga a los agentes de la DEA que están en México a trabajar las 24 horas del día y los 365 días del año. No paran, como tampoco las maniobras de los cárteles del narcotráfico para introducir a Estados Unidos cargamentos de mariguana, heroína, cocaína y, más recientemente, toneladas de metanfetaminas.

Uno de los secretos mejor guardados por la DEA en México son las estadísticas de los aseguramientos de droga, dinero y armas que se hacen en el país directamente por ellos o por las autoridades mexicanas. Los agentes de la DEA están impedidos para confiscar drogas dentro del territorio mexicano. Los agentes entrevistados no niegan que haya habido algunas excepciones a la regla.

Las autoridades mexicanas publicitan la confiscación de narcóticos cuando se aseguran cargas muy voluminosas, o cuando quieren enviar un mensaje al cártel o al grupo de narcotraficantes al que le arrebataron la mercancía. No se diga el uso que le dan a este hecho para engañar a la sociedad de que están ganándole la batalla a los narcotraficantes.

Un agente que se encuentra trabajando en México y que pidió no se revelara su nombre, expresa:

La DEA no puede ni debe divulgar las cantidades de drogas que se confiscan en México porque la ley lo prohíbe. Si lo hiciera, la acción sería interpretada como una presunción y como un desdén al trabajo de inteligencia de los policías federales y de las fuerzas armadas de México. Sé que mucha gente en México no lo va a creer, pero se llenarían varias páginas de los periódicos con la información de los decomisos que se hacen todos los días. Mucha de la droga que se asegura son cargamentos pequeños, pero todo lo que se atrapa es un indicativo importante para entender la magnitud del problema del narcotráfico.

LA DEMANDA Y EL CONSUMO SIGUEN CRECIENDO

Los intrincados laberintos del combate al narcotráfico mexicano son incomprensibles para cualquier persona común y corriente. Si los agentes de la DEA sostienen que todos los días se hacen aseguramientos importantes de narcóticos, esto implica que en Estados Unidos la demanda y el consumo siguen subiendo.

La realidad contrasta con lo que públicamente ha venido diciendo la Casa Blanca desde hace por lo menos 15 años.

Si en México se mueve tanta droga y se aseguran cantidades significativas de ésta, ¿cómo es posible que los cárteles del narcotráfico sigan gozando de un poder de intimidación tan grande y casi invencible?

Sin la demanda de drogas no habría negocio para los narcos.

Los miles y miles de millones de dólares que llegan a México procedentes de los bolsillos de los drogadictos estadounidenses, junto con los efectos sociales negativos de las fracasadas políticas antinarcóticos de los presidentes mexicanos, constituyen las causas directas de la muerte de decenas de miles de víctimas de la narcoviolencia y del crimen organizado.

Los agentes de la DEA no son ni la solución ni los redentores del problema del narcotráfico mexicano. Su presencia en México y la misma fundación de la DEA son resultado del fracaso de la Casa Blanca y del Capitolio para encontrar una solución a un problema de educación y de salud pública.

La historia ha demostrado que el dinero corrompe, y más cuando es generado por actividades ilícitas.

La cadena de corrupción que arrastra el narcotráfico en México es la primera barrera a la que se enfrentan los agentes de la DEA y la misma sociedad mexicana para librarse de un problema de salud pública, de cultura y de educación.

Maniatados por las leyes mexicanas para confiscar droga o detener a criminales, los agentes antinarcóticos, según sus versiones, han tenido que ajustarse a la realidad de México, por lo que incluso han debido solapar a las autoridades del país cuando éstas, como por arte de magia, desaparecen cargamentos de drogas que son asegurados y que después vuelven a aparecer en manos de los cárteles del narcotráfico.

La desaparición y la reaparición de cargamentos de narcóticos asegurados por las operaciones de inteligencia de la DEA es uno de los ejemplos más comunes del nivel de corrupción que hay dentro de la Policía Federal y del Ejército mexicano.

EN EL AEROPUERTO DE MÉXICO

El Aeropuerto Internacional de la Ciudad de México (AICM) es una de las principales puertas de entrada al país de las drogas procedentes de Sudamérica. Para la DEA, el AICM es una joya del narcotráfico inalcanzable porque aunque quisieran no tienen la autorización del gobierno mexicano para trabajar ahí.

"La DEA no puede hacer investigaciones en el aeropuerto de la Ciudad de México —dice Sandalio González—. Sin embargo, los agentes de la DEA que están México consiguen mucha información sobre los cargamentos de droga que llegan a ese aeropuerto", agrega el ahora agente jubilado de la DEA.

—¿Qué hacen con esa información?

—Se la pasamos a las autoridades federales, a los comandantes de la Policía Federal y a los jefes de Aduanas que se encargan de la supervisión y la seguridad en el aeropuerto. Casi toda la información que recibe la DEA en México sobre lo que ocurre en el AICM llega de Centro y Sudamérica. Es muy difícil determinar con exactitud qué hacen las autoridades mexicanas con esa información que les entregamos.

—¿Tiene la DEA otras opciones para abordar el problema?

—Sí; siempre que se daba un caso en el cual la DEA ejercía cierto tipo de control, era porque teníamos a un informante encubierto en el aeropuerto. Hacíamos todo lo que fuera posible para que la carga sólo hiciera escala en la Ciudad de México y para que se enviara a Estados Unidos o a otro país donde tuviéramos autorización de confiscar drogas, como en las Bahamas, por ejemplo.

González reconoce "que es un crimen" si la DEA manipula el plan de vuelo de una carga aérea con destino original a cualquier aeropuerto o punto del territorio de México.

"No te voy a decir que esto nunca ocurrió. En algunos casos no tienes otra opción más que hacerlo, porque si te abstienes la DEA corre el riesgo de perder para siempre el rastro de los narcóticos que ya se tiene identificados y que sabes que se bajarán en el AICM y que pasarán sin problema las revisiones aduanales."

—¿De qué manera puede la DEA evitar que se baje una carga de droga en el AICM?

—Con los informantes infiltrados en el aeropuerto, o con pilotos que se venden a la DEA y que a costa de poner en riesgo su vida y la de su familia manipulan el plan de viaje del avión que pilotean y aterrizan en lugares donde tenemos manera de operar con mayor libertad. A estos pilotos se les paga muy bien.

—Deme un ejemplo concreto de manipulación del plan de vuelo por parte de un piloto infiltrado en el narcotráfico.

—Cuando en lugar de aterrizar en México, como estaba planeado, el piloto lo hace en Costa Rica, las Bahamas o Guatemala, donde las autoridades nos dejan trabajar con mucha libertad.

"Lo que se hace cuando aterriza el avión, e incluso cuando se puede manipular todavía más el plan, es recargar de combustible el tanque de la nave y el piloto recibe la instrucción de viajar y aterrizar en Estados Unidos.

"Si la DEA no tiene otra opción más que pasar la información a las autoridades mexicanas para que ellas se hagan responsables de ubicar, confiscar la droga y detener al piloto y a todos los demás involucrados, se corre el riesgo de que todo esto se pierda. Sabes que las autoridades de México se lavarán las manos y le dirán a la DEA que no llegó ningún cargamento, que tal vez era una trampa para distraer la atención de los agentes estadounidenses."

El ex agente de la DEA acota que hubo casos en los que las autoridades mexicanas permitieron que aviones que llegaron con droga al AICM hicieran escala, cargaran combustible y después siguieran el vuelo con un destino desconocido.

—¿Qué pasa con la droga cuando las autoridades de México no le permiten a la DEA seguir el curso de un cargamento aéreo?

—Según mi experiencia, dependía mucho de quién estuviera a cargo del caso. Siempre le pasábamos la información al director de la Policía Federal. A veces nos mantenían informados sobre el asunto, pero en otras ocasiones no nos decían ni mierda.

"Podían pasar dos o tres meses sin que supiéramos nada. Si llamábamos al encargado del caso, respondía a las llamadas telefónicas diciendo que estaban justo en medio de la investigación. Si se cansaba de hablar con nosotros, no contestaba el teléfono y ya."

CASOS EXTREMOS

—¿Hubo algún caso en el que de manera descarada las autoridades de México desaparecieran una carga de droga previamente identificada y ubicada por la DEA?

—Me acuerdo de un caso en el que habíamos identificado un cargamento grande. Eran unos 500 kilos de cocaína que venían de Colombia. El lugar al que iba a llegar la carga era una pista clandestina en el estado de Guerrero. Antes de que llegara el avión a la pista clandestina ya se había apostado un comandante de la Policía Federal con su grupo y tres agentes de la DEA.

"Minutos después de que aterrizara, apareció de pronto un grupo de soldados antes de que la Policía Federal pudiera acercarse a la nave. Los militares sacaron sus armas y el oficial que estaba a cargo del grupo le dijo al comandante que ésas eran tierras controladas por el Ejército y era mejor que se fueran del lugar.

"La situación se puso muy tensa porque los policías también sacaron sus armas. Los soldados apuntaban a los policías federales y éstos a su vez a los soldados. Los agentes de la DEA quedaron en medio del conflicto. Pero la situación se resolvió cuando el comandante de la Policía Federal se comunicó a la Ciudad de México y recibió la orden de dejar la droga a los soldados.

"Nunca supimos qué pasó con esa cocaína, pero uno de mis agentes llevaba una cámara escondida y tomó varias fotografías sin que se dieran cuenta ni los policías ni los militares."

—¿Agentes de la DEA se han visto bajo la amenaza de las armas de soldados o de policías mexicanos por un cargamento de droga?

—Esto no pasaba muy a menudo, pero sí ocurrió en mis tiempos de trabajo en México. En 1988 o 1989, no recuerdo con mucha precisión la fecha. En Guaymas, Sonora, unos agentes de la DEA llegaron a un lugar donde se ubicó una carga de droga. Fue una locura, porque también llegaron al lugar policías federales y soldados. Al darse cuenta de que había agentes de la DEA, los soldados les apuntaron con sus armas y entonces los policías federales sacaron las suyas y apuntaron a los militares.

"Los agentes de la DEA pensaron que no iban a salir vivos de ese lugar, pero todo se resolvió cuando el jefe de los soldados dijo que no pasaría nada si los agentes de la DEA se iban con los policías federales y dejaban que el Ejército asumiera el control de toda la situación, incluido el decomiso.

"Yo reporté el incidente directamente a la agregaduría militar de la embajada de Estados Unidos en el Distrito Federal y a las oficinas de la DEA en Washington. El agregado militar de Estados Unidos habló a la Sedena, donde le dijeron que todo era una mentira. Por lo menos así fue como me lo informó el agregado militar de la embajada. Pero cuando le dije que teníamos fotografías del incidente que había tomado uno de los agentes de la DEA, los militares se tuvieron que meter la lengua ya sabes dónde —comenta González, quien se ríe a carcajadas al recordar el incidente—.

"Las fotografías que tomó la DEA en los dos casos nunca se las mostramos a las autoridades mexicanas; simplemente estábamos complacidos con el hecho de que nos permitieran acompañarlos a las operaciones de decomiso", matiza González.

Esas fotografías, según el ex agente antinarcóticos, están en algún lugar de los archivos de la DEA en México o en Washington.

—¿La Policía Federal se quedaba con cargamentos de droga?

—En una ocasión teníamos información de que habían llegado a la Ciudad de México dos autos Mercedes Benz que venían de Alemania cargados de heroína. El dato obviamente se lo pasamos a la Policía Federal para que incautara los coches.

"La información que teníamos aseguraba que los automóviles estaban en alguna bodega de la Aduana. La Policía Federal nos informó que no podían localizarlos. En otras palabras, nos dieron a entender que la Aduana no estaba cooperando con ellos.

"Entonces unos informantes nuestros ubicaron los autos, y con esa información en la mano fuimos a ver a Fausto Valverde, quien era comandante de la Policía Federal. Sin poder hacer otra cosa, porque le llevamos información muy bien detallada y fundamentada, Valverde nos llevó a la bodega donde estaban los dos automóviles. Al llegar al lugar se dio la orden de que desarmaran los coches para buscar la heroína, pero como por arte de magia la droga ya había desaparecido.

"Al otro día me llamó Valverde para decirme que en uno de los autos se encontró un poco de cocaína y que la Policía Federal le había quitado los dos autos a la Aduana. Me informé que la PGR iba a quedarse con los autos."

—¿De quién eran los dos Mercedes?

—Teníamos alguna idea del nombre del dueño de los Mercedes Benz, pero la Policía Federal dio por terminada la investigación. Se perdió la heroína y la cocaína que supuestamente venía empotrada en la carrocería de los autos.

LAS "DESTRUCCIONES"

Se supone que toda la droga que se decomisa en México debe ser destruida por el gobierno federal. Esta tarea regularmente la lleva a cabo la Policía Federal, el Ejército o la Marina.

Aun cuando en varios casos de aseguramiento de narcóticos son los agentes de la DEA los responsables del golpe al narcotráfico, éstos no siempre han sido testigos de la destrucción de los estupefacientes, según González.

"A veces nos invitaban a que fuéramos testigos de las quemazones de varias toneladas de droga. Nunca supimos si la droga que se destruía delante de nosotros eran cargas acumuladas, o si pertenecían a un aseguramiento en particular", dice González.

—¿De qué dependía que la DEA fuera invitada a presenciar la destrucción de droga?

—De la manera en que el comandante o el general viera a los agentes de la DEA. El comandante Valverde no era muy amigo de los gringos. En una ocasión me regañó, me dijo que cómo podía ser yo un agente gringo si era cubano. Me decía que no lo podía entender. Yo me reía mucho cuando me decía esto.

"Para mantener una buena relación con los policías federales o con los militares mexicanos, los jefes de la DEA teníamos que hacer muchas visitas de cortesía, sólo para hablar tonterías con nuestras contrapartes o para invitarlos a tomar una copa por la tarde, después de comer, o en la noche, después de cenar."

El agente José Baeza afirma que en México se pierde mucha droga decomisada cuando las autoridades arrestan o eliminan a un jefe importante de un cártel del narcotráfico. También ocurre cuando en la agrupación criminal afectada se lleva a cabo una restructuración importante en los ejes de mando. Baeza puntualiza:

Siempre en esas situaciones los militares y los policías federales acordonan la plaza afectada por el arresto o el asesinato de un capo. A los agentes de la DEA se les prohíbe la entrada a la zona, olvidando que en muchos de los casos fuimos nosotros quienes les dimos la información para que pudieran dar ese golpe.

Cuando esto pasa nosotros nos enteramos de que en la zona acordonada se hacen decomisos de droga, de armas y de dinero, gracias a los informantes que siempre tenemos infiltrados por todos lados. De esto nunca se entera la prensa y mucho menos la sociedad mexicana.

—¿De quién desconfía más la DEA: del Ejército o de la Policía Federal?

—La DEA nunca ha tenido una confianza del 100 por ciento en el Ejército mexicano. En la mente de un agente de la DEA que trabaja en México siempre estará presente el caso de Camarena. En México los agentes de la DEA deben cuidarse mucho, y la DEA nunca les pasa a los militares todo lo que sabe del narcotráfico.

LA OPERACIÓN HALCÓN

—¿A usted le tocó algún caso en México bajo el cual se aseguró una cantidad importante de droga? —se le pregunta a Baeza.

—La Operación Halcón; me tocó participar en la coordinación de este operativo que inició en 1990 y que se vino abajo en 1997. Se hizo por medio de seguimientos aéreos de cargamentos de cocaína procedentes de Sudamérica.

El agente Baeza detalla así las maniobras de esta operación:

La DEA participó con dos aviones Cessna Citation equipados con el sistema FLIR, como el que tienen los jets caza F-16. Los Cessna que usó la DEA pertenecían al Servicio de Aduanas. La PGR coloboró en la Operación Halcón con otros dos aviones.

Por el lado de Estados Unidos yo era el encargado de la Operación Halcón, y por el lado mexicano estaba Guillermo González Calderoni. La operación consistía en vigilar y seguir a los aviones con cargas de cocaína que salían de Colombia. Para ello también usábamos aviones caza que despegaban de la base del Comando Sur, en Panamá. Los caza eran necesarios porque los aviones con la droga volaban entre 18 000 y 44 mil pies de altura, y a los caza del Comando Sur era muy difícil que los detectaran los aviones de los narcotraficantes. Los aviones con los cargamentos de droga volaban sin luces, sin plan de vuelo y con matrícula falsa.

Los jets de ataque que usamos eran de la clase P3. Éstos podían acercase a los aviones de los narcos y al mismo tiempo mandar la información a los barcos de la Guardia Costera de Estados Unidos. La

Guardia Costera seguía la ruta de los aviones del narco por aguas internacionales hasta que llegaban a las fronteras marítimas mexicanas. Era necesario hacer esto porque muchas veces los aviones del narco tiraban la carga al mar, sobre todo en las costas de las varias islas del Caribe, donde otras personas a bordo de lanchas rápidas recogían la mercancía.

Una vez que los aviones procedentes de Colombia, Perú o Bolivia entraban al espacio aéreo de México, los dos aviones de Aduanas y los dos de la PGR entraban en acción. La DEA coordinaba el operativo junto con Jorge Tello Peón, quien era director del Centro de Planeación para el Combate a las Drogas. Tello Peón tenía bajo su cargo a unas 31 agencias y en la Operación Halcón él se coordinaba personalmente con la Policía Federal, con el Ejército y con la Marina.

Una vez dentro de México se seguía toda la trayectoria del avión o la avioneta que llegaba de Sudamérica, se le ubicaba, se le interceptaba y se aseguraba el cargamento que traía. Tuvimos bastante éxito con la Operación Halcón: en más o menos unos cuatro años se decomisaron como unas 150 toneladas de cocaína. En la DEA nunca nos enteramos del lugar a donde fue a parar la droga que no se destruyó delante de nosotros. Mucha de la cocaína que decomisamos en la Operación Halcón era para los cárteles de Juárez, de los Arellano Félix, de Sinaloa.

—¿Es cierto que los cárteles del narcotráfico compran las plazas?

—Tenemos una buena idea de que esto es así. En los viejos tiempos los narcotraficantes pagaban dinero a los gobernadores y a los miembros del Ejército. Eso en realidad es muy normal en el tráfico de las drogas. Los narcos necesitan la autorización y la protección de las fuerzas policiales y militares para poder mover la mercancía por carreteras, puentes y aeropuertos.

"En México el narcotráfico no puede operar sin tener la protección de quienes realmente ejercen el control de los territorios clave, más que nada en los estados de la frontera sur y en los que colindan con Estados Unidos. Éstas son las plazas más preciadas y disputadas por los cárteles del narcotráfico."

11

Amado, el más grande e inteligente

Los líderes del narcotráfico en México, al igual que los agentes de la DEA, son figuras enigmáticas rodeadas de mitos y misterios. Para algún sector de la sociedad, los capos de los cárteles de la droga son criminales abominables, asesinos despiadados, psicópatas, misóginos y drogadictos. Para otro, sobre todo el que afloró durante la guerra militarizada contra el narcotráfico de Felipe Calderón, los capos del narcotráfico son héroes, figuras emblemáticas y personas de buen corazón que ayudan a los pobres y que combaten a un gobierno corrupto.

Ante los ojos de la DEA, estos jefes del crimen organizado son criminales con un pedigrí especial: delincuentes inteligentes con una mentalidad empresarial, cualidad que los convierte en una amenaza para la seguridad nacional de cualquier país.

La gran ambición y la aspiración de la DEA en el caso de México es arrestar y enviar a Estados Unidos a todos los jefes de los cárteles de la droga. No obstante, algunos de los agentes entrevistados reconocen que con algunos capos en particular los deseos de la DEA tal vez nunca se puedan materializar. "Porque nunca se entregarán a la justicia y preferirán morir antes que dejarse atrapar para luego ser extraditados a Estados Unidos", comenta uno de los agentes entrevistados.

Los capos principales

En las décadas de los setenta y ochenta, en el universo del narco-tráfico mexicano surgieron capos importantes como Ernesto Carrillo Fonseca, *Don Neto*, Miguel Ángel Félix Gallardo, Rafael Caro Quintero y Miguel Caro Quintero.

En la década de los noventa aparecieron en el escenario otros, como Juan García Ábrego, Amado Carrillo Fuentes, Osiel Cárdenas Guillén, los hermanos Francisco Javier, Benjamín y Ramón Arellano Félix. Para el inicio de este siglo y a la sombra del sexenio de Vicente Fox Quesada, dos figuras en particular se convirtieron en la imagen pública del narcotráfico: Vicente Carrillo Fuentes y Joaquín Guzmán Loera. Pero a partir del 1º de diciembre de 2006, en parte por el desinterés del gobierno de George W. Bush —quien dejó de combatir al narcotráfico por su lucha contra el terrorismo internacional y las guerras en Afganistán e Irak—, los agentes de la DEA entrevistados para este libro aseguran que el narcotráfico en México se expandió a niveles históricos y con ello su poder de corrupción.

Cuando Calderón llega a Los Pinos y se da cuenta de la magnitud del problema que hereda de Fox, declara la guerra militarizada a los narcotraficantes y entre los cárteles desata una lucha indiscriminada y sangrienta por el control de las plazas del tráfico de drogas, lo que a su vez coloca en la cúspide del crimen organizado y del trasiego de narcóticos a Guzmán Loera.

En el sexenio de Calderón nacen otros cárteles: Los Zetas, La Familia Michoacana, el de los Beltrán Leyva y Los Caballeros Templarios, entre otros de menor nivel y capacidad criminal.

De todos los males que generó la guerra militarizada de Calderón contra el narcotráfico, los agentes de la DEA destacan el caso de Joaquín *El Chapo* Guzmán Loera, a quien a partir de entonces y hasta la fecha se le considera el narcotraficante más poderoso, violento y temido en todo el mundo.

El Chapo, de quien se han escrito varios libros, corridos y un sinnúmero de artículos periodísticos, puede ser el emblema del narcotráfico en México en el siglo XXI, pero en la DEA, el jefe del Cártel de Sinaloa está muy lejos de ser considerado el capo más inteligente, poderoso y temido que ha tenido el país. Es más, de acuerdo con los agentes con más años de experiencia en la lucha contra el narcotráfico en México, "el único narcotraficante más inteligente y peligroso que ha tenido el país hasta ahora" ha sido Amado Carrillo Fuentes, *El Señor de los Cielos*, y no *El Chapo* Guzmán.

GENERADOR DE UNA SOFISTICADA INDUSTRIA ILEGAL

De todos los agentes de la DEA que han trabajado en México, Mike Vigil, según sus colegas, es posiblemente el que dedicó más años de su vida profesional a investigar y perseguir a Amado Carrillo Fuentes, el fundador del Cártel de Juárez. Con un largo anecdotario para sustentar su dicho, Vigil asegura:

> No hay duda, Amado Carrillo Fuentes fue el narcotraficante más poderoso que ha tenido México. En la historia de la DEA en México creo que no habido alguien más perseguido e investigado que Amado; era un hombre muy inteligente que revolucionó la manera de traficar drogas por toda América Latina, más que el colombiano Pablo Escobar Gaviria.

—¿Qué hizo Amado para merecer el título del narco más poderoso?

—Meter por avión a México y a Estados Unidos miles y miles de toneladas de cocaína. Nunca nadie podrá saber con toda certeza cuánta droga manejó el Cártel de Juárez gracias a la as-

161

tucia e inteligencia de Amado. Lo que sí sabemos es que él fue quien transformó al narcotráfico, que era una simple actividad criminal, en una industria ilegal altamente sofisticada. Amado siempre estaba diez pasos adelante de la DEA y del gobierno de México. Lo hacía tan bien que hasta tenía un estilo... digamos que elegante.

Ninguno de los otros agentes de la DEA que fueron consultados estuvo en desacuerdo con el análisis y la conclusión de Vigil respecto al *Señor de Los Cielos*. Uno de ellos, José Baeza, resaltó que

Amado tenía una gran ventaja sobre los demás capos que ahora existen y han existido en el narcotráfico de México: sabía cómo corromper a policías, militares, políticos y funcionarios del gobierno.

Nunca hizo alarde de nada, era muy discreto y su organización no eliminaba a personas inocentes ajenas al narcotráfico, a menos que fuera absolutamente necesario. No quería llamar la atención porque sabía que los asesinatos de civiles y de policías llaman innecesariamente la atención de la justicia.

En la información que nos llegaba sobre él no había pruebas de que directamente mandara matar a civiles inocentes; de lo que sí nos enteramos fue de que su organización ayudó a muchas policías municipales y al gobierno del estado [Chihuahua] a combatir delitos como secuestro, robo de autos y casas, raptos, y a combatir la violación de mujeres y niños.

LOS FAVORES DEL SEÑOR

En septiembre de 2009, en un lugar entre la frontera de la ciudad de El Paso, Texas, y Las Cruces, Nuevo México, el autor entrevistó a un ex pistolero del Cártel de Juárez, quien, escudado en el anonimato por obvias razones, contó cómo Amado ayudaba a las autoridades de Ciudad Juárez, por ejemplo, a combatir la criminalidad a cambio de que no intervinieran en sus actividades de tráfico de droga. He aquí la anécdota:

Un día Amado recibió una llamada telefónica de parte del presidente municipal de Ciudad Juárez, no te puedo decir su nombre, sólo te digo que era un priísta.

El presidente municipal le dijo al jefe que ya no podía con el robo de coches en la ciudad, que todos los días recibía decenas y decenas de denuncias. Le pidió que por favor le ayudara a resolver el problema porque la ciudadanía lo demandaba.

Me acuerdo que esa tarde el jefe nos citó en una casa a todos los sicarios del cártel. Éramos como unos 30 a quienes nos mandó llamar y nos dijo que quería que esa misma noche levantáramos a todos los robacoches y que ya sabíamos qué teníamos que hacer.

Con la ayuda de la policía municipal esa noche levantamos a más de 150 robacoches, casi todos pandilleros de Ciudad Juárez y de El Paso. Los eliminamos a todos. Sus cuerpos están enterrados en varias narcofosas al otro lado de la frontera.

Con la limpieza que hicimos se detuvo el robo de coches y bajó la criminalidad. El jefe era muy bueno para acabar con los males que afectaban a Ciudad Juárez, por eso lo quería la gente y las autoridades.

—¿Amado Carrillo Fuentes emulaba a Pablo Escobar Gaviria, en el sentido de ayudar a la gente y combatir a los criminales comunes y corrientes? —se le pregunta a Vigil.

—Sería incorrecto decir eso. En la DEA sabíamos que la gente lo protegía y que no lo delataba a las autoridades porque nunca le hizo daño a las comunidades como lo hace ahora la gran mayoría de los cárteles del narcotráfico, especialmente Los Zetas, que son la chusma del narcotráfico mexicano.

163

"Neurocirujano del narcotráfico"

—¿Puede relatar una operación de la DEA en la que se demuestre la inteligencia y la astucia de Amado? —se le pregunta a Vigil.

El experimentado agente, hoy en retiro, cuenta:

En una ocasión nuestros radares registraron en el Caribe un avión 747. Por la ruta que traía y por la altura a la que se desplazaba sabíamos que llevaba una carga importante de cocaína.

Armamos de inmediato una operación de emergencia en la que intervino el Comando Sur, la Guardia Costera, el Servicio de Aduanas, nosotros, la Policía Judicial Federal y el Ejército de México. Nos alistamos para atrapar al avión, confiscar la droga y arrestar a todos los narcotraficantes que Amado puso a trabajar en ese operativo para defender el cargamento.

La Guardia Costera, en coordinación con el Comando Sur [en Panamá], siguió por mar todo el trayecto del 747. Todos, nosotros los gringos y los mexicanos, estábamos viendo en vivo y en directo el avión. En los radares y en el papel del operativo daba la impresión de que sería un operativo muy fácil y muy rápido de ejecutar. Todo iba bien hasta que el 747 entró a México.

La ruta que tomó el avión nos desconcertó, y eso que lo íbamos siguiendo con uno de los Cessna Citation de Aduanas y con un avión de la PGR. Vimos que el avión se dirigía al norte, pero no sabíamos si se pararía en Durango, Sonora o Chihuahua. Fue una situación de mucha tensión porque ni el gobierno de México ni el de nosotros quería perder al 747. Los pilotos que trabajaban con el Cártel de Juárez era muy buenos; le cobraban mucho dinero a Amado pero sin duda valían lo que pedían.

Al entrar al espacio aéreo de Chihuahua, el 747 disminuye la altura y la velocidad. Como si hubiera sido un avión más pequeño, el 747 aterriza en una pista clandestina sobre el desierto de Chihuahua.

A través de sistema FLIR del Cessna Citation lo estábamos viendo todo. A lo largo y ancho de la pista en el desierto había como unos 70 mafiosos esperando el avión. Todos tenían armas largas de alto poder; cuernos de chivo [AK-47] y R-15.

Para cuando aterrizó el avión en México, nosotros ya habíamos recibido la información de Colombia de que el 747 traía unas 12 toneladas de cocaína para el Cártel de Juárez. Con la información que nos enviaron nuestros colegas en Colombia, y con los datos que nosotros teníamos en México de las llamadas telefónicas que habíamos interceptado de algunos mandos del cártel, llegamos a la conclusión de que unos tres meses antes de que llegara el cargamento Amado había estado recolectando dinero para pagar este gran cargamento de cocaína. Su plan era descargar la droga y en el mismo avión mandar a Colombia alrededor de 40 millones de dólares.

Una vez que aterrizó el 747, los mafiosos que lo estaban esperando colocaron en cuestión de minutos decenas de rieles ferroviarios a lo largo y ancho de la pista. Esto se hace para que no pueda aterrizar ningún otro avión o alguna avioneta. Amado era un genio, siempre nos tenía reservadas este tipo de sorpresas. Cuando lográbamos establecer mecanismos de inteligencia o acciones policiales para desactivar o anular sus prácticas, él ya había diseñado otras para contrarrestarlas.

La Policía Federal de Caminos intentó llegar a la zona del desierto donde aterrizó el avión, pero Amado siempre colocaba varios círculos de seguridad alrededor de sus pistas clandestinas. En uno de esos perímetros de seguridad, la Policía Federal se enfrentó a los mafiosos. Los federales destruyeron como cuatro vehículos de los narcos, pero no pudo hacer más. Si hubieran traspasado otro círculo de los que puso Amado, a los federales los hubieran eliminado rápidamente. Amado siempre se anticipaba a los acontecimientos, era como un neurocirujano del narcotráfico.

Mientras la Policía Federal intentaba llegar a la pista, los que venían en el avión con los pilotos cargaron combustible. Por su parte, los mafiosos y otras personas, que me imagino eran campesinos de la zona o trabajadores del cártel, descargaron la droga del avión y en éste metieron las pacas de dólares.

El aterrizaje, la carga de combustible, la descarga de la cocaína, la carga del dinero y el despegue del avión para regresar a Colombia, todo, se realizó en menos de 15 minutos. Éste era el Amado Carrillo Fuentes a quien nos teníamos que enfrentar. ¡Era una bestia y un genio! Todo lo tenía perfectamente bien calculado.

La pista estaba en un lugar muy remoto de la sierra de Chihuahua, por lo que el Ejército no podía acceder a ella. El problema fue que esa zona era prácticamente inaccesible por tierra. Los militares no conocían las rutas que usaban los mafiosos. La pista estaba en esos lugares del desierto mexicano a los que tal vez sea fácil entrar, pero donde resulta muy difícil salir… vivos.

Pero, además, como el grupo de narcos que mandó Amado era un comando como de unos 70 hombres con armas largas, para inutilizarlos se necesitaban por lo menos unos 150 soldados. Tampoco se les podía mandar a que se enfrentaran a la gente de Amado. Estaban mejor armados que los soldados y además existía otro elemento a favor del cártel: los perímetros de seguridad que debían burlar antes de llegar a la pista. Si enfrentabas por tierra a los mafiosos, ibas a tener una masacre en ambos lados, aunque creo que con mayor ventaja para la gente de Amado Carrillo Fuentes.

Lo más grave de todo esto fue que el 747 regresó sano y salvo a Colombia. No lo pudimos interceptar. Los pilotos de Amado eran unos diablos. El cargamento de cocaína fue vendido por el cártel de los hermanos Rodríguez Orejuela. Con este tipo de operaciones, Amado se ganó el respeto en Colombia y la admiración de todos los narcotraficantes de esa época.

166

Los controles de Carrillo Fuentes

—¿Hacía Amado muchas operaciones aéreas de este tipo?

—Varias, muchísimas. Lo que sí pudimos lograr en contra de la organización de Amado fue forzarlo a cambiar las rutas de vuelo. En la década de los noventa los aviones entraban a México por la región norte. Con los operativos de la DEA los obligamos a que entraran por el sur. Fue más o menos en 1992 cuando Amado comenzó a utilizar los 747, pero también usó unos aviones franceses muy parecidos a los 747. Estos aviones franceses alcanzan una velocidad de 500 kilómetros por hora; sólo un jet caza del Pentágono podría alcanzarlos.

"En la DEA descubrimos que Amado usó los aviones franceses unas ocho ocasiones; nos enteramos de esto después de que había pasado y tenido éxito su operación. Insisto, este hombre era demasiado astuto para manejar los cargamentos de droga que introducía a Estados Unidos. Si se le desmontaban los asientos de pasajeros a los aviones franceses, éstos fácilmente podían cargar hasta 15 toneladas de cocaína, sin problema."

—¿Amado Carrillo Fuentes tenía controlado al gobierno de México?

—Controlaba a las autoridades necesarias para introducir la droga a los lugares estratégicos del país. Insisto, este hombre era muy meticuloso en sus operaciones, no le gustaba hacer ruido; no quería por ningún motivo atraer la atención de las autoridades más de lo necesario. Lo que sí se tiene que decir es que las autoridades mexicanas no se dejaban intimidar por muchos de los mafiosos que había en esos años, pero con Amado era diferente; creo que a este narcotraficante sí le tenían miedo, o respeto por lo menos.

—¿Por qué el temor del gobierno de México a un criminal?

—Porque tenía mucho poder. Amado no era como Osiel Cárdenas Guillén [líder del Cártel del Golfo], por ejemplo; este mafioso mataba a la gente nada más por el placer de hacerlo. Osiel era un psicópata y un criminal despiadado.

"Amado mataba para proteger su negocio. Era matón, pero hasta para eso era todo un cirujano. Amado había corrompido a mucha gente. Su red de corrupción comenzó en Ojinaga, cuando él trabajaba para el grupo de Pablo Acosta, quien se dedicaba al tráfico de mariguana. Fue Pablo Acosta quien enseñó e inició a Amado en el negocio del tráfico de las drogas, y fue Pablo quien comenzó a tener relación con los colombianos para introducir cocaína a Estados Unidos. Pero a Pablo no le caían bien los colombianos y no les tenía confianza.

"Para negociar con los narcos de Colombia, Pablo Acosta contaba con los servicios y los buenos oficios de Amado. Él sí supo relacionarse con los colombianos; tenía don de gentes. Así, Amado no sólo se convirtió en el socio más importante del narcotráfico de Colombia, sino que hasta cuando trabajó con Pablo Acosta logró que los mafiosos sudamericanos fueran personalmente a Ojinaga para negociar con su jefe la venta de cargamentos de cocaína, siempre bajo las condiciones y los precios previamente negociados directamente por Amado."

—¿Dónde quedó Pablo Acosta?

—Guillermo González Calderoni preparó un operativo contra Pablo Acosta. Este comandante federal mexicano fue personalmente a Estados Unidos a pedir ayuda al FBI. Logró que el gobierno de Estados Unidos lo apoyara con helicópteros que usó para atacar a Pablo Acosta.

"El asalto contra este mafioso fue en un pueblo que está muy cerca de Ojinaga. Con la participación de los agentes del FBI que acompañaron a González Calderoni, se realizó el asalto y hubo una balacera muy dura; Acosta fue uno de los muertos. Amado no estaba en el lugar del operativo contra Acosta, no creemos que le hayan avisado. Él no estaba ahí, no le tocaba."

SU MUERTE, ¿UN MISTERIO?

Amado Carrillo Fuentes murió en una clínica en la Ciudad de México, a la edad de 40 años, el 3 de julio de 1997.

Thomas Constantine, quien de 1994 a 1999 fungiera como administrador de la DEA, asegura que Amado murió como consecuencia de las complicaciones que sufrió durante la cirugía plástica a la que se sometió para cambiar de apariencia física.

"Era muy inteligente, hubo momentos en que en la DEA pensamos que nunca iba a caer, pero cayó de una manera muy inocente. Fue un error de principiante el que cometió Carrillo Fuentes", dice Constantine en entrevista telefónica con el autor.

—Hasta la fecha, en México persisten dudas sobre la muerte de Amado Carrillo Fuentes.

—Está muerto, eso se los puedo garantizar. Antes de hacer público su fallecimiento y la foto en la que se le ve dentro del ataúd, en la DEA hicimos varias pruebas de su ADN.

"En Estados Unidos teníamos muestras de su ADN por un incidente en el que se vio involucrado una vez que estuvo en el estado de Texas. El gobierno mexicano nos envió las muestras que le tomó en la Ciudad de México al cadáver y las corroboramos con las que teníamos acá. Amado Carrillo está muerto; que no lo crea quien no lo quiera admitir", enfatiza Constantine.

Tras la muerte de Amado, su hermano Vicente asumió el control y la dirigencia del Cártel de Juárez. Según los agentes de la DEA, el Cártel de Juárez, sin Amado, dejó de ser la organización criminal más poderosa de México, pero no por ello una de las más importantes para el trasiego de narcóticos a Estados Unidos.

Vicente Carrillo Fuentes, *El Viceroy*, no heredó de su hermano las cualidades ni la inteligencia, pero aprendió a ser prudente, a corromper funcionarios, policías y militares, y a no asesinar a la gente a menos que fuera necesario.

Como jefe de la oficina más grande que tiene la DEA en la frontera sur de Estados Unidos —la de El Paso, Texas—, Sandalio González dedicó la última etapa de su vida profesional a intentar desmantelar y eliminar al Cártel de Juárez y a atrapar al *Viceroy*.

"TODO EL GOBIERNO DE CHIHUAHUA COMPRADO"

—¿Qué pasó con el Cártel de Juárez de Vicente Carrillo Fuentes?

—Yo diría que el gobierno de México, con la muerte de Amado, le puso menos atención. Y si tuviera que hacer una comparación te diría que el gobierno mexicano le puso menos atención al Cártel de Juárez, que Washington al problema del cruce de drogas por El Paso, Texas, y eso ya es mucho decir.

—¿Qué fue exactamente lo que ocurrió?

—Corrupción. Yo sé que el gobierno federal mexicano casi se olvidó del Cártel de Juárez porque en la Ciudad de México sabían que Vicente había comprado a todo el gobierno de Chihuahua, en todos los niveles. Esto es un hecho, existen pruebas de ello en México y en Estados Unidos. Hay cosas que no se pueden negar, y ésta es justo una de ésas.

Sandalio González cuenta que a principios de este siglo, durante la administración de Vicente Fox, precisamente por la falta de atención del gobierno federal al Cártel de Juárez, en esa zona de la frontera norte comenzaron a llegar emisarios de otros cárteles.

Fue entonces, según el agente jubilado de la DEA, cuando el Cártel de Sinaloa, el del Golfo y, en menor escala, el de los Arellano Félix llegaron a Ciudad Juárez a disputarle al *Viceroy* el control de la plaza y de los corredores de droga de Ciudad Juárez. Con esto se elevó de manera inusitada el nivel de narcoviolencia.

—¿En alguna ocasión estuvieron cerca de atrapar a Vicente Carrillo Fuentes?

—Sí, en varias. Pero para hablar del fracaso de esas operaciones se tiene que decir que el resultado siempre dependió de las autoridades mexicanas.

"Ya no me acuerdo con mucho detalle sobre lo que pasó en alguna de ellas. Te puedo decir que en una ocasión supimos que Vicente asistiría a una fiesta en Ciudad Juárez. No me acuerdo si era un bautizo o una boda, pero fue algo así. La DEA había logrado obtener toda la información sobre el evento: la hora de su llegada, por dónde lo haría, el número de personas que integrarían su escolta y hasta cuál sería la ruta de evacuación en caso de que fuera necesario salir corriendo."

—¿Qué fue lo ocurrió en esa fiesta?

—Nada, más bien lo de siempre: le dimos la información a las autoridades de México, alguien del gobierno alertó a Vicente, y cuando llegaron al lugar donde se estaba llevando a cabo el festejo, él ya se había ido.

"La guerra contra las drogas es pura mierda —se ríe a carcajadas González al decir esto—.

"La guerra contra las drogas no existe, eso es un mito, porque en realidad las autoridades no usan de manera apropiada los recursos que se tienen para eso. Se gasta mucho dinero para las operaciones antinarcóticos, pero no se utiliza el suficiente y necesario para reducir la demanda de Estados Unidos.

"Ésta es tal vez una visión policial, soy policía, y, como dicen los mexicanos, me vale madre todo lo demás. Pero algunos no lo ven de esa manera. Yo espero que de verdad en la DEA estén conscientes de esta realidad", concluye González.

12

Fugas y grandes golpes

En México el éxito del trabajo de los agentes de la DEA dependerá siempre de la voluntad y la integridad de las autoridades del país. Los policías antinarcóticos estadounidenses pueden desarrollar y orquestar los operativos más sofisticados y efectivos contra los cárteles del narcotráfico y sus líderes, pero su instrumentación está supeditada a la confianza, disponibilidad, trabajo, astucia, honestidad y efectividad de los políticos, funcionarios, policías y militares mexicanos.

En el combate al trasiego de las drogas y a los narcotraficantes de México, la DEA no ha encontrado la fórmula para vencer a la corrupción por narcotráfico, mal del que depende su éxito o su fracaso.

Encontrar honestidad y transparencia en sus contrapartes mexicanas es una de las mayores dificultades a la que se han enfrentado los agentes de la DEA. Se han dado casos en que los agentes estadounidenses han puesto en charola de plata la cabeza de varios narcotraficantes, pero el poder corruptor de los criminales termina imponiéndose sobre las autoridades mexicanas, quienes les permiten escapar y burlarse de los policías antinarcóticos.

En silencio los agentes de la DEA se han tenido que tragar las traiciones de sus contrapartes. Nunca un agente de la DEA se atreverá públicamente a denunciar los casos de corrupción que han bloqueado el éxito de su misión. Su silencio los hace cómplices de los funcionarios públicos comprados por los narcotraficantes. Temen que al denunciar públicamente con nombre y apellido a los corruptos mexicanos pierdan el terreno ganado en materia de espionaje y penetración en el seno de los cárteles de la droga.

La mordaza que ahoga los gritos de desesperacion de los agentes de la DEA en México explica el crecimiento del narcotráfico en los últimos 12 años. Como ya se explicó en un capítulo anterior, en los informes confidenciales que se envían a Washington desde la embajada en el Distrito Federal, la DEA descarga la información y la lista de identidades de los individuos comprados por los narcos.

FILTRACIONES A LA PRENSA

No todos los agentes de la DEA se cruzan de brazos ante los impedimentos legales y diplomáticos para denunciar la corrupción que existe dentro de los gobiernos del país. Varios agentes que están y han estado en México y filtran la identidad de los funcionarios públicos corruptos a los periódicos más importantes de Estados Unidos, como *New York Times*, *Washington Post* y *Wall Street Journal*. Uno de los agentes entrevistados al respecto comentó:

> La prensa es la única vía que tenemos para denunciar públicamente el alcance de la corrupción por narcotráfico que se padece en México. Nunca, cuando filtramos el nombre de un funcionario, militar o político corrupto, encontrarán en el despacho noticioso el nombre de la fuente. La información se entrega con la condición del anonimato, de lo contrario provocaríamos una crisis binacional. Lo mismo estoy aplicando contigo.

—¿Por qué sólo filtran ese tipo de información a la prensa de Estados Unidos? ¿Por qué no a la de México?

Antes de responder, el agente de la DEA suelta una carcajada.
—Porque no confiamos en los periodistas mexicanos. En tu país se escriben muchas mentiras acerca de lo que hace la DEA. Claro, no todos los reporteros ni todos los medios de comunicación son deshonestos, pero así como recibimos información de funcionarios corruptos, también tenemos datos de periodistas que son amigos de narcos.

—Pero en México hay muchos casos de periodistas asesinados por el narcotráfico o el crimen organizado.

—Expliqué que no todos son amigos de los narcos; varios de los que han muerto fueron víctimas de su honestidad y su compromiso social como comunicadores, lo reconozco.

"En esto hay un problema de fondo. El reportero puede ser honesto e incorruptible, pero tal vez los jefes de su periódico o su revista no lo sean; es muy complicado en México el trabajo de los periodistas honestos que se dedican a informar sobre el narcotráfico. Lo que ganamos al filtrar la información al *New York Times* o al *Washington Post* es que con esto el problema se convierte en un asunto de alcance internacional.

"A los gobiernos de México, priistas, panistas, y a todos los demás, no les gusta ser exhibidos en periódicos como el *New York Times*, porque si ocurre quedan expuestos ante el mundo entero. Eso no pasa con los periódicos mexicanos. Cuando el *Post* o el *Times* publican un caso de corrupción por narcotráfico de México, sabemos que el asunto llamará la atención de nuestro Congreso, y eso sí que puede provocar consecuencias favorables para vencer el problema", añade el agente.

LA DEA DETRÁS DE LOS GRANDES GOLPES

Por el tamaño del problema del narcotráfico mexicano, y por la magnitud de la guerra militarizada que lanzó Felipe Calderón

175

contra los cárteles, en una nación libre de corrupción gubernamental se obtendrían resultados altamente efectivos. Sin embargo, en México se pueden contar con los dedos de las manos los "grandes golpes" que ha dado la DEA a los cárteles del país.

Los agentes estadounidenses admiten que gobiernos como el de Calderón —quien con su estrategia militarizada empeoró la situación— etiquetan como "narcos importantes" a los narcotraficantes que ha encarcelado o eliminado a lo largo de su sexenio, pero que en realidad son sólo capos de segundo o de tercer nivel en la escala de poder dentro de los cárteles.

La excepción a esta realidad de la lucha contra el narcotráfico en el sexenio de Calderón, de acuerdo con el análisis de los agentes estadounidenses, es el caso del asesinato de Arturo Beltrán Leyva, *El Barbas*. Su eliminación cimbró la estructura de poder y los métodos de operación de la organización criminal que comandaba.

Desde los arrestos de Ernesto Fonseca Carrillo, *Don Neto*, Miguel Ángel Félix Gallardo y Rafael Caro Quintero; la muerte de Amado Carrillo Fuentes, la de Ramón Arellano Félix, y la detención de su hermano Benjamín, para los agentes de la DEA uno de los golpes más connotados que han logrado dar al narcotráfico fue el arresto de Juan García Ábrego, el líder del Cártel del Golfo.

Sobre este golpe, otro de los agentes de la DEA protegido por el anonimato, explica: "No decimos que sea el más importante de todos los golpes que hemos dado. Su importancia se sustenta en que con su baja el Cártel del Golfo perdió la importancia y el poder que tenía, y desde entonces no ha logrado levantarse".

El caso fue muy importante para la DEA, porque costó mucho trabajo romper el cerco de corrupción gubernamental que lo protegía, comenta:

Con ese arresto salieron a relucir los nombres de políticos, policías y militares que protegían a García Ábrego. A nosotros no nos importaba eso, queríamos al criminal. El presidente [Ernesto] Zedillo nos lo dio y listo. Limpiar o eliminar la cadena de corrupción que sostenía al Cártel del Golfo no era asunto nuestro; eso era problema de los mexicanos. Entregamos a nuestros socios una lista de los corruptos que encubrían a García Ábrego. Lo que hicieron o dejaron de hacer con esa información ya no era asunto nuestro.

Versiones encontradas
sobre el arresto

La detención de García Ábrego está rodeada de contradicciones, quejas, señalamientos y acusaciones entre las autoridades de México y las de Estados Unidos.

La DEA se dice acreedora del éxito total de este golpe. Las autoridades mexicanas afirman que esa es una verdad a medias. Los mexicanos no rechazan la colaboración, pero aseguran que los agentes antinarcóticos exageran el papel que jugaron en la caída de otro de los capos legendarios del narcotráfico mexicano.

Algunos de los protagonistas de ese golpe ofrecen su versión de los hechos y con ello exhiben el problema de desconfianza que envenena la cooperación bilateral contra el narcotráfico.

Al preguntarle al ex agente Mike Vigil cómo se logró el arresto de Juan García Ábrego, expone su versión:

> La DEA llevaba mucho tiempo elaborando y organizando un operativo contra García Ábrego. Varios de nuestros informantes, en distintos estados de México, nos habían llenado de información sobre las casas de seguridad que tenía este capo en Nuevo León, Tamaulipas, Sinaloa y el Distrito Federal.

177

Habíamos diseñado un muy buen enlace con la PGR, pues el presidente Carlos Salinas estaba muy interesado en capturar a este capo. Todos los agentes de la DEA involucrados en las investigaciones sobre el Cártel del Golfo tenían muy buena relación con los policías federales. El procurador Jorge Carpizo nos había dicho que la PGR tendría una cooperación absoluta con la DEA y nos indicó desde un principio que el enlace con nosotros se haría a través de Eduardo Valle Espinosa, *El Búho*.

En la DEA teníamos un problema con el enlace que nos designó el procurador mexicano: *El Búho* era muy borracho. Se la pasaba tomando. Por esta situación era muy difícil contar con él cuando lo necesitábamos. Se perdieron muchas oportunidades para capturar a García Ábrego por los problemas que tenía *El Búho* con el alcohol.

Esto que estoy platicando empezó como en 1993 —tres años antes de la captura de García Ábrego—. Las dificultades que teníamos con *El Búho* las conocía perfectamente Carpizo, pero no hizo mucho para corregir el problema. La suerte para nosotros fue que en la PGR estaba el comandante Horacio Brunt, quien era director de las operaciones de inteligencia antinarcóticos. Brunt era un tipo muy inteligente; gracias a la colaboración que recibimos por parte de él, el gobierno de México comenzó a capturar a capos importantes en la estructura del Cártel de Juárez, como Óscar Malherbe y José Luis Sosa Mayorga, *El Cabezón*.

Con estas detenciones y con los informantes que tenía Brunt, que por cierto eran bastantes, la PGR nos pasó información muy importante sobre Juan García Ábrego. Con esta información y con los datos que teníamos en la DEA logramos hacer un esquema muy claro y casi preciso sobre las operaciones del Cártel del Golfo. La gente del Cártel de Juárez odiaba a García Ábrego y tenían mucha información sobre él, que nos la hicieron llegar por medio del comandante Brunt.

—¿La DEA tenía mucha confianza en la PGR?

—No, no, te insisto: los agentes de la DEA que están en México están obligados a colaborar con la PGR, pero no por eso van a dejar de hacer su propio trabajo. Recibes información y la corroboras con los informes de inteligencia que tienen las agencias de Estados Unidos o con tus informantes. Es un error conformarte con lo que te diga el gobierno mexicano, aunque siempre es útil.

"Al mismo tiempo que trabajábamos con Brunt, en la DEA estábamos utilizando a Guillermo González Calderoni y a decenas de nuestros informantes en todo el país y en la Policía Federal. Este comandante conocía a la familia de Juan García Ábrego, nosotros lo sabíamos por las llamadas telefónicas que le habíamos interceptado. A González Calderoni lo necesitábamos para que hablara con la familia y con el mismo García Ábrego; la información que obtenía era muy valiosa."

—¿Esto quiere decir que desde esos años la DEA ya sabía que González Calderoni estaba metido en el narcotráfico?

—Había rumores, pero nunca comprobamos nada. Nosotros trabajamos muy bien con González Calderoni.

"Para mí este comandante ha sido uno de los policías más inteligentes y efectivos que ha tenido el gobierno de México. El objetivo de la DEA era lograr que por medio de los oficios de González Calderoni se entregara García Ábrego. El comandante era muy amigo de Humberto, el hermano de Juan. Este Humberto no estaba a la altura de su hermano; sí estaba metido en el negocio de las drogas, pero era un problema muy menor."

—¿Gracias a toda esa información que consiguieron por medio de Brunt y González Calderoni lograron detener a García Ábrego?

—No fue tan fácil. Carpizo se fue de la PGR y llegó Humberto Benítez Treviño para reemplazarlo. Con este procurador las investigaciones siguieron avanzando pero no se logró mucho.

179

"Luego, con las elecciones presidenciales de México [1994] se complicaron las cosas. En la temporada electoral de esos años, en la PGR se archivaron muchas de las investigaciones en curso, y como cambiaron a la gente, la DEA perdió contactos y fue necesario comenzar a trabajar otra vez desde abajo para tener otros.

"El caso contra García Ábrego no sufrió muchas complicaciones por tratarse del capo más importante de esa época. Con la llegada de Ernesto Zedillo a la presidencia mejoró el panorama. Él puso en la PGR como procurador a Antonio Lozano Gracia, y eso fue muy bueno para la DEA. Desde un principio Lozano Gracia estuvo muy dispuesto a cooperar con nosotros para atrapar a García Ábrego."

En octubre de 1995 informantes de la DEA en Monterrey, Nuevo León, lograron ubicar una casa de seguridad que presuntamente utilizaba García Ábrego para reunirse con amigos y amigas.

Según el recuento de esa investigación por parte de los agentes estadounidenses, García Ábrego pasaba inadvertido ante las narices de las autoridades federales mexicanas por dos razones: primero porque tenía comprada a toda la policía del estado, y segundo porque no era ostentoso, se vestía como una persona común y corriente y se desplazaba en una camioneta Datsun Estaquitas, solo, o únicamente con un escolta.

Con la casa de seguridad perfectamente ubicada, la DEA esperó pacientemente el momento adecuado para detener al capo. Ese momento ocurrió el 14 de enero de 1996. Mike Vigil lo cuenta así:

> Le dimos a la Policía Federal de México toda la información que teníamos sobre la casa de seguridad. Personal de nuestra oficina en Monterrey se reunió con la gente de Brunt, a quien se le dio la orden de ejecutar el arresto.
>
> En la noche de ese domingo García Ábrego estaba en su casa. Lo agarró Brunt y un grupo numeroso de policías; la DEA presenció todo lo ocurrido en ese operativo.

180

El arresto fue muy sencillo: los elementos de la Policía Federal llegaron con mucha facilidad a la casa; García Ábrego los ve y sale corriendo. En su desesperación por escapar se mete a una zanja y se atora. Tenía una pistola 9 milímetros, pero los federales le gritaron que tirara el arma porque si no lo hacía lo iban a matar. García Ábrego resultó algo cobarde, porque inmediatamente tiró el arma y se entregó a los federales.

—¿No tenía escoltas cuando lo agarraron en la casa?

—Estaba solo. A García Ábrego no le gustaba andar con guaruras porque sabía que si lo hacía llamaría mucho la atención. La casa donde se le ubicó no era ostentosa; era una casa normal.

"Se le esposó, se le confiscó la pistola 9 milímetros y Brunt me llamó por teléfono [Vigil era el responsable de la DEA en México] para decirme que ya lo tenían y que lo iban a trasladar a la Ciudad de México. Yo le hablé inmediatamente al embajador Jim Jones [representante diplomático de Estados Unidos] para proporcionarle el dato; eran como las 10 o las 11 de la noche. Después de hablar con Jones me comuniqué a las oficinas generales de la DEA en Washington y le dimos seguimiento al caso."

—¿Cuándo negociaron con el gobierno de México la deportación a Estados Unidos de García Ábrego?

—Eso ya se había arreglado desde antes. Con toda la información que teníamos de García Ábrego, años antes de su arresto descubrimos que existía un certificado de nacimiento de él en Palomas, Texas. El capo supuestamente era estadounidense.

"Nosotros lo queríamos en Estados Unidos y en esos años México no extraditaba a sus ciudadanos, así que con el acta que había en Palomas pudimos conseguir la entrega de García Ábrego. Nunca investigamos si el acta era falsa o verdadera; cuando se le arrestó, el gobierno de México nos dijo 'llévenselo', y así ocurrió."

—La deportación o entrega fue inmediata, al otro día de su arresto, el 15 de enero de 1996.

—Eso ya se había negociado con la Secretaría de Gobernación; lo hicimos nosotros y el mismo embajador Jones. Se habló con la PGR, con la Secretaría de Relaciones Exteriores y con la presidencia de México. Las autoridades mexicanas pensaban que tal vez no podrían juzgarlo en México por falta de pruebas y querían evitar que se les armara un lío si no le podían comprobar nada. Tenían miedo de verse obligados a soltarlo y nos lo entregaron.

—¿A qué hora fue enviado a Estados Unidos?

—Eso fue más o menos como a mediodía. Yo me había puesto en contacto con elementos de la oficina de la DEA en Houston, porque iba a llegar al aeropuerto de esa ciudad. Pero como el FBI estaba enterado del asunto, se nos adelantó.

"El FBI mandó al aeropuerto de Houston como a unos 50 elementos para recibir a García Ábrego. Los agentes del FBI se vistieron con gorras, chalecos y chamarras con la insignia del FBI; parecía que iban a recibir a un grupo de guerra y no a un capo del narco, gordo, miedoso, derrotado y esposado. Fue un acto de publicidad del FBI que sacó provecho del incidente, por eso fue que la fotografía de la llegada a Estados Unidos de García Ábrego salió en la portada de la revista *Newsweek*. En esa imagen se veía a un García Ábrego rodeado por agentes del FBI que nada tuvieron que ver con su arresto."

—¿Cuántos agentes de la DEA viajaron con García Ábrego a Houston?

—Solamente dos.

—¿Usted lo vio después de que lo detuvieron?

—Sí, lo vi en la PGR. No parecía ser un mafioso tan peligroso como se decía; estaba muy gordo y tenía el pelo chino. Andaba vestido con ropa sencilla, creo que hasta se puede decir que muy corriente, y tenía cara de enfermo.

—¿El crédito del arresto de García Ábrego fue para el comandante Horacio Brunt?

—Sí y no. Lo que pasó es que el FBI le estaba tirando mucha tierra; le habían contado al gobierno de México que Brunt recibía mensualmente medio millón de dólares de parte de García Ábrego. Pago que se le hacía para proteger al Cártel del Golfo.

—¿Era falsa la acusación del FBI?

—La DEA sabía que no era cierto. Y para aclarar las cosas el embajador Jones le llevó una carta a Lozano Gracia. Ese documento fue preparado previamente por el FBI; en él se asentaba que Brunt era un policía corrupto por el narco.

"Yo me enteré y fui con Lozano Gracia a decirle que no era cierto; aparte, Brunt vivía pobremente, y le expliqué al procurador mexicano que gracias a la colaboración que él le ofreció a la DEA se había logrado el arresto de Óscar Malherbe y del *Cabezón* Sosa, entre otros narcotraficantes de la época. Lozano Gracia me dijo: 'No te preocupes, lo voy a dejar'."

OTRA VERSIÓN

José Baeza es otro de los agentes de la DEA que estuvieron directamente involucrados en el caso del arresto de García Ábrego; su versión del gran golpe al Cártel de Golfo contrasta en varios aspectos con la que proporciona Vigil:

En ese tiempo —a mediados de los noventa— la oficina de la DEA en Monterrey estaba concentrada en tratar de localizar a García Ábrego. Pero dentro de la DEA ya habían cambiado algunas cosas; ya teníamos más equipo técnico, ya había radios más sofisticados, había mejorado la tecnología para interceptar llamadas telefónicas y había mejorado un poquito la cooperación con el gobierno de México y la Policía Federal. Trabajamos con la Policía Federal representada en Monterrey, pero era mayor la coordinación con los altos mandos de la Policía Federal en la Ciudad de México.

—¿Por qué?, ¿eran corruptos los de la Policía Federal en Monterrey?

—Había varios elementos corruptos, pero no quiero decir los nombres porque algunos siguen siendo policías activos. Había otros muy dedicados al trabajo. Los jefes de la Policía Federal en la Ciudad de México iban a Monterrey cada vez que teníamos alguna pista. Su hermano Humberto ya estaba en la prisión por lavado de dinero. García Ábrego estaba tratando de sacarlo, pero no lo había logrado. Eso generaba pistas que facilitaban las cosas.

—¿Cuánta gente de la DEA había en la oficina de Monterrey?

—En Monterrey había cuatro agentes; yo era el supervisor. En total éramos cinco agentes.

—¿A García Ábrego se le localizó por los informantes?

—Sí, ésa fue la base más importante para obtener datos sobre su paradero y para localizarlo. Teníamos muchos informantes trabajando en el caso. Había otra ventaja respecto de las otras oficinas de la DEA en México o de la Policía Federal mexicana. En Monterrey estábamos cerca de la frontera y nos dábamos el lujo de viajar en coche a Estados Unidos para reunirnos con informantes que sabían de García Ábrego.

"Nos pedían que nos reuniéramos con ellos en Estados Unidos porque se sentían más seguros; además sabían que nosotros los protegeríamos allá si alguien intentaba hacerles algo. Viajar a Estados Unidos para recolectar información incluso nos servía para nuestra propia protección. Todos nos teníamos que cuidar. Dos horas de camino a la frontera no era mucho tiempo, así que nos convenía hacer las entrevistas en el otro lado de la frontera."

—¿Cuántos informantes se utilizaron para capturar a García Ábrego?

—Había muchos. Todos los agentes que estábamos en Monterrey teníamos varios informantes; algunos se nos perdieron; otros, luego nos enteramos, se habían ido y ya estaban colaborando con otra oficina de la DEA en México o con policías mexicanos. Fue muy laborioso este asunto, se recolectó mucha información y diseminarla de manera correcta tomó varios meses.

—¿Cómo fue el operativo?

—Estábamos trabajando en Monterrey con unos comandantes buenos y honestos que ya tenían dos o tres años siguiéndole la pista a García Ábrego. Lo anterior se hizo por medio de la intercepción de teléfonos y radios. Así fue como logramos ubicarlo en un rancho cerca de Monterrey, en un pueblo que se llama China. Más bien el rancho estaba en las afueras de China.

"Con toda la información que habíamos recibido, sabíamos que vivía en esa casa, que ahí tenía su colección de botas, sus trajes de piel y otras cosas personales que le gustaban. En la DEA ya habíamos ubicado a sus socios y a amigos que iban a visitarlo. Conocíamos quiénes eran, a qué hora y cuándo iban a esa casa."

—¿Cómo lograron identificar a los visitantes de García Ábrego?

—Lo que pasó es que con el equipo que teníamos estábamos escuchando las conversaciones de sus amigos, y así supimos que iban a ir a verlo y que él iba a estar ahí. Se montó el operativo con los comandantes mexicanos a quienes supuestamente los querían correr sus jefes en el estado.

"Cuando los jefes de estos comandantes se enteraron de que ya habíamos ubicado a García Ábrego, hicieron circular un chisme, y a los comandantes que trabajaban con nosotros los querían echar fuera. Desde la Ciudad de México los iban a acusar de corrupción por narco."

—¿Cuándo exactamente se preparó la operación para detener a García Ábrego?

185

—Se montó la operación cuando tuvimos datos precisos y la certeza del momento en que uno de sus amigos iba a ir a visitarlo. Nos enteramos de la fecha y la hora exacta de la visita. En la casa, García Ábrego tenía un grupo mínimo de escoltas, como dos o tres; no recuerdo exactamente cuántos. No hubo disparos en la operación; se le arrestó y luego luego se le llevó al aeropuerto.

—¿Entró la DEA con los elementos de la Policía Federal a la casa donde estaba García Ábrego?

—Estuvimos en el área, pero no nos dejaron acercarnos. Lo más cerca que nos permitieron estar fue en la periferia del rancho, en la carretera que llevaba al lugar. Nos avisaron cuando lo detuvieron, pero nosotros no lo vimos. Tuvimos que enviar a un agente al aeropuerto para que lo viera. El agente lo acompañó en el avión de Monterrey a la Ciudad de México.

—¿Cuántos elementos de la Policía Federal participaron en el operativo contra García Ábrego?

—Eran como unos 30 a 40 agentes mexicanos. Era pura Policía Federal. Ya en la capital mexicana fue la oficina central de la DEA la que se hizo cargo de todo lo demás que pasó con él.

LA VERSIÓN DE UN FUNCIONARIO MEXICANO

Uno de los dos únicos funcionarios del gobierno de México que aceptaron hablar con el autor, pero bajo la inalterable condición del anonimato por temor a las represalias del gobierno federal, ofrece una versión muy breve del caso García Ábrego; pero este recuento no coincide con el que dieron Vigil y Baeza:

Sí, nadie podría negar o desmentir que fueron los agentes de la DEA quienes ubicaron a García Ábrego. Que fueron ellos los que dieron toda la información a la PGR. Pero no se le arrestó el día que se informó a los medios de comunicación. Su arresto fue antes. Cuando se le detuvo, García Ábrego estaba muy enfermo. Se le trasladó de Monterrey a la Ciudad de México y se le internó en la Clínica Lourdes. Tenía problemas cardiacos por su gordura.

De hecho si se comparan las fotos, previas a su arresto, con las que se le tomaron el día que se le entregó a Estados Unidos, a García Ábrego se le nota más delgado de lo que estaba.

—¿Cuánto tiempo estuvo internado en la clínica de la Ciudad de México?

—Semanas. Como un mes.

—¿Es cierto que fue localizado por las visitas que recibía en la casa donde fue detenido?

—Los de la DEA son muy decentes. Fue ubicado por una de sus amantes. Era una mujer grandota y frondosa de Monterrey, como le gustaban a García Ábrego. Fue esta mujer quien lo entregó a la DEA; no recuerdo su nombre, pero era una mujer muy astuta.

"Ella incluso cobró la recompensa que ofrecía la PGR y Estados Unidos por la captura de García Ábrego."

—¿Cómo se negoció la deportación de García Ábrego a Estados Unidos?

—Cuando estuvo internado en la clínica, la DEA entregó un acta de nacimiento de García Ábrego de Palomas, Texas. Mientras se le atendía de los problemas cardiacos, se arregló todo lo que tenía que arreglarse para mandarlo a Estados Unidos. La PGR no lo quería porque además de que hubiera sido muy difícil procesarlo, García Ábrego era muy peligroso, se decía que había comprado a funcionarios de altísimo nivel en el gobierno de Zedillo y, sobre todo, en el de Carlos Salinas, que la lumbre podría haber llegado a la misma presidencia si el capo hubiese abierto la boca —concluye el funcionario mexicano.

LA MUERTE DEL *BARBAS*

El arresto de García Ábrego, la muerte de Amado Carrillo Fuentes, así como la eliminación de los mandos del Cártel de los Arellano Félix, son para los agentes de la DEA los golpes verdaderamente significativos dados al narcotráfico de México. Sin embargo, esto no implica que la DEA menosprecie la eliminación o el arresto de otros capos del narcotráfico. No obstante, ninguno de los agentes estadounidenses cree que los golpes asestados al narcotráfico en el sexenio de Calderón hayan mermado el trasiego de narcóticos. Al contrario, las acciones contra el narcotráfico del gobierno calderonista generaron y provocaron la violencia que azota al país.

Bajo la estricta condición del anonimato, el otro funcionario del gobierno de México que aceptó colaborar para esta publicación y que trabajó en el sexenio de Calderón, rechaza el análisis de la DEA en el sentido de que en los sexenios panistas no se dio un solo golpe contundente al narcotráfico. Para este funcionario la eliminación —el 16 de diciembre de 2009— de Arturo Beltrán Leyva, *El Barbas*, es un golpe al narcotráfico tan fuerte como lo fue en su momento y en su debido contexto la muerte de Amado Carrillo Fuentes.

"Que no lo quieran aceptar los de la DEA es otra cosa", subraya el ex funcionario del gobierno de Calderón, quien ocupó uno de los cargos más importantes de su gabinete.

"No será porque no fueron ellos quienes lo ubicaron. Los elementos de la Secretaría de Marina que lo localizaron y lo mataron recibieron la información de parte del FBI, y no de la DEA, como se ha dicho. Esto te lo digo con la garantía de que a mí me lo dijo el propio presidente Calderón", matiza el ex funcionario.

Cuestionados sobre la afirmación de este ex funcionario del gobierno de Calderón, los agentes de la DEA entrevistados sostienen que ellos no comparten ese punto de vista. En primer lugar,

188

porque ningún presidente o ex presidente de México va a mini-
mizar los éxitos de su trabajo contra el narco y, en segundo lugar,
porque es cierto que el FBI participó en las investigaciones sobre
Beltrán Leyva. "Pero de eso a decir que fueron los del FBI quienes
lo ubicaron, es muy distinto. En todo caso le dejamos al FBI que
haga alguna aclaración al respecto, si así lo quiere", comentó Vigil
cuando se le interrogó sobre este punto.

El autor buscó al FBI para intentar esclarecer el caso, pero nunca obtuvo respuesta alguna a las preguntas que se formularon.

Cuando se le menciona a Baeza el tema de Arturo Beltrán
Leyva, el agente de la DEA reacciona con una sonrisa sarcástica.
"La muerte de Arturo fue un golpe, pero no como lo quieren
pintar los del gobierno de Calderón; al contrario, hay cosas relacionadas con este criminal y su grupo que se han ocultado",
destaca Baeza.

—¿Qué ha ocultado el gobierno de Calderón sobre los Beltrán Leyva?

—En 2007 nos tocó organizar un operativo contra su hermano Héctor Beltrán Leyva; lo habíamos localizado en una de sus
casas en Santa Fe, en la salida de la Ciudad de México a Toluca.

"Nosotros lo localizamos pero también sabíamos que la Policía
Federal estaba enterada de que Héctor estaba en Santa Fe. Aun así
fuimos nosotros, los de la DEA, quienes le pasamos la información
al gobierno mexicano. Se le puso fecha al día que se llevaría a
cabo el operativo y se acordó que la redada se haría en la mañana;
por eso, desde la noche anterior la Policía Federal tenía vigilada y
rodeada la casa.

"La mañana del asalto a la casa recibimos una llamada en la cual
el gobierno mexicano nos informó que Héctor había escapado;
que los elementos de la Policía Federal que vigilaron toda la noche la casa estaban esperando refuerzos cuando el capo se les es-
cabulló. Cuando llegamos con los refuerzos, los policías estaban

con las manos vacías. Se les fue por la puerta principal e incluso salió acompañado por uno de sus guaruras. Lo dejaron ir, eso fue lo que pasó con Héctor Beltrán Leyva."

—¿Qué les dijeron las autoridades mexicanas?

—Que se les escapó, que simplemente se escapó. Pero fue obvio que dejaron que se fugara; nosotros nos dimos cuenta de que lo dejaron ir. Ante una cosa tan descarada de corrupción no puedes hacer nada. Te quedas callado y con mucho coraje ante estas idioteces que suelen ocurrir con tanta frecuencia en México.

CORRUPCIÓN EN EL GOBIERNO DE CALDERÓN

—En México, a usted, señor Baeza, le tocó trabajar casi medio sexenio de Calderón. ¿Había mucha corrupción por narcotráfico en su gobierno?

—Lo que puedo decir es que durante su mandato los cárteles del narcotráfico estaban mejor estructurados, y que tenían armas muy sofisticadas y tecnologías superiores a las del gobierno. Y la corrupción por narcotráfico en el gobierno era tremenda.

"Me tocó ver un ejemplo. En mi tercera etapa como agente en México descubrimos que en el gobierno de Calderón eran los altos mandos los que estaban colaborando con el narcotráfico. En la PGR y en Secretaría de Seguridad Pública [SSP], y por ende en todos los niveles de la Policía Federal. Había unos elementos de la SSP de quienes nosotros teníamos información que estaban ligados al narcotráfico. Los denunciamos ante las autoridades competentes y supuestamente éstas nos dieron garantías de que arreglarían el asunto.

"Prometieron que los iban a arrestar, pero de pronto desaparecieron. Cuando salió la orden de arraigo en contra de los funcionarios de la SSP, éstos desaparecieron; ellos mismos se protegían.

Ya ni preguntamos por ellos. ¿Para qué?, si ya sabíamos lo que había pasado y lo que iban a decir."

Mike Vigil explica que cuando las autoridades mexicanas arrestan a un integrante de los mandos medios de algún cártel, a este criminal se le puede sacar información importante sobre sus jefes, siempre y cuando no lo torturen como acostumbran hacer. El ex agente de la DEA considera que por las técnicas de tortura que practican las policías federales mexicanas el gobierno de México ha perdido la oportunidad de conseguir información muy valiosa sobre el narcotráfico.

—¿Está presente el personal de la DEA cuando las autoridades mexicanas hacen los interrogatorios? —se le pregunta a Vigil.

—La DEA no participa; sólo en casos excepcionales la PGR nos permite estar presentes. Incluso hasta la misma DEA pide que no se le involucre porque muchas veces la Policía Federal tortura a los detenidos.

"Ya sabes cómo, primero les dan su calentada, luego les hacen lo del tehuacán con chile o con la chicharra."

—¿La DEA ha atestiguado este tipo de torturas?

—Sí, sí. No te puedo decir el nombre de los policías ni de las víctimas que me tocó observar a mí.

"La Policía Federal siempre llevaba a los detenidos a una casita que tenía atrás de sus oficinas en el Distrito Federal; la llamaban 'La Casa de la Ópera'. Le decían así porque todos los que entraban a la casa terminaban 'cantando' lo que les pedían sus anfitriones."

—¿Qué les hacían a los detenidos?

—Los amarraban, les echaban agua y luego, con la chicharra. les daban toques. En una ocasión usaron una jeringa, como las que se utilizan para inyectar a un caballo. La jeringa no tenía aguja, se la quitaron. Hicieron una mezcla de chile rojo con agua y alcohol, se la pusieron a la jeringa y luego se la inyectaron en la nariz al detenido. Yo no aguanté los gritos y me salí; me enteré de que al detenido también le introdujeron la jeringa por el recto y por el pene. Pero ya sabes que así se hacen las cosas en México. Hay manías que tienen los policías federales que muy difícilmente se las van a quitar; no entienden que la tortura no es una forma efectiva para conseguir información importante de un detenido. Cuando se los dices te responden que el buen trato a los detenidos es cosa de las películas de policías. En México, los policías siempre te van a decir que a los criminales hay que tratarlos como lo que son, a chingadazos, pues sólo así hablan.

13

Lalo, el agente y las narcofosas

El trabajo de la DEA en la lucha contra el narcotráfico de México depende en gran medida de sus informantes; ellos son y siempre serán una herramienta indispensable para el éxito o el fracaso del combate al trasiego de drogas, no sólo en México sino en cualquier parte del mundo.

Los agentes de la DEA a través de sus informantes logran infiltrar a los mandos de las organizaciones del narcotráfico, a las policías municipales, estatales y federales, y hasta a los círculos políticos más importantes y poderosos del país. Sin embargo, los informantes son una navaja de doble filo: se venden al mejor postor y forman parte del amasijo de celos y golpes bajos entre las agencias federales estadounidenses que operan en México.

Si bien por medio de los informantes de la DEA han sido detenidos varios capos del narco, u otros han sido abatidos por las balas del Ejército, la Marina y la Policía Federal, la lucha contra el narcotráfico en México es un laberinto de traiciones, y nadie de los involucrados en esta tarea puede dar garantías de estar inmune a las vilezas de las fuentes confidenciales.

Sin los informantes, la DEA y el gobierno de México no hubieran podido detener, enjuiciar y sentenciar a capos de la talla de Caro Quintero. Estos personajes invisibles son la esencia de las operaciones del espionaje estadounidense en México. Las agencias federales de Estados Unidos han llegado incluso a cometer actos de corrupción y a encubrir crímenes de mexicanos y ciudadanos estadounidenses que pudieron prevenirse, pero que los agentes extranjeros sacrificaron por salvar el pellejo a sus informantes.

El Departamento de Justicia de Estados Unidos ha sido una de las principales instituciones que prefieren resguardar a un informante —aun cuando cometa delitos muy graves—, antes que transferir información al gobierno de México, no por desconfianza, sino para evitar ser exhibido como un solapador de crímenes o también víctima de la corrupción de la que constantemente acusa a las agencias federales, a los gobiernos y a las policías estatales mexicanas.

En el año 2000, con el fin de la hegemonía del PRI en la presidencia de México y con el inicio de la era del PAN al frente del Poder Ejecutivo, en Washington se tomó la decisión de aprovechar el bono democrático con el que llegó Vicente Fox a Los Pinos para mejorar el nivel de confianza y cooperación entre las agencias de inteligencia de los dos países, con el objetivo de fortalecer el combate al trasiego de las drogas. Aun cuando no fue el sexenio de Fox el momento en que la lucha contra el narcotráfico exacerbó la narcoviolencia que actualmente priva en el país, en ese periodo presidencial empezaron a conocerse los primeros indicios de la barbarie que estaba por venir con la presidencia de Felipe Calderón.

Ciudad Juárez, lugar emblemático por ser símbolo de muerte, desolación, corrupción, tráfico de drogas y de la ineptitud del gobierno en todos los niveles, fue, al inicio del sexenio de Fox, el punto de la frontera norte del país al que se señalaba como la zona más peligrosa para las mujeres. Ya tenía fama en todo el mundo de ser un territorio de secuestros, violaciones y asesinatos de decenas de mujeres. Lo más alarmante e irónico del caso es que Ciudad Juárez colinda con El Paso, Texas, entonces catalogada como la ciudad más segura en todo el territorio de Estados Unidos.

Sin embargo, la población mexicana no imaginaba la ola de terror que se cernía sobre el futuro de Ciudad Juárez. La DEA y el Buró de Inmigración y Aduanas (ICE, por sus siglas en inglés) contaban con un informante, ex agente de la Policía Federal de Caminos. Este personaje, además de surtir información a las agencias estadounidenses era también una pieza importante en la cúpula de mando del Cártel de Juárez, dirigido por Vicente Carrillo Fuentes. Se trata de Guillermo Eduardo Ramírez Peyro, *Lalo*, quien con mentiras, mitos, verdades y actos criminales reveló a los mexicanos la realidad de la inimaginable violencia que ya existía, pero que gracias a la corrupción del gobierno de Chihuahua y de las agencias federales de Estados Unidos se ocultaba para evitar el escándalo.

Con *Lalo* y por *Lalo* se rompió el delgado hilo que divide la ruta de la legalidad y de la ilegalidad sobre la que trabajan los agentes de Estados Unidos en México.

El Departamento de Justicia nunca calculó que sería por medio de *Lalo* que agentes de la DEA que trabajaban en Ciudad Juárez estuvieron a punto de vivir un capítulo como el del secuestro, tortura y asesinato de Enrique *Kiki* Camarena en 1985. Por defender y ocultar lo que hacía un criminal (*Lalo*), una fiscal federal, Juanita Fielden, dio la orden de ocultar información al gobierno de México, información que no sólo hubiese generado el arresto de policías asesinos y corruptos, sino hasta evitado la tortura y el asesinato de ciudadanos mexicanos y estadounidenses.

A México, las fechorías de *Lalo* le quitaron la venda que le cubría los ojos frente a una realidad oscura: que la frontera que comparte con Estados Unidos está llena de fosas clandestinas. Si no hubiera sido por el intento de secuestro, la eventual tortura y asesinato de un agente encubierto de la DEA que trabajaba en Ciudad Juárez, tal vez hubiese pasado mucho más tiempo para que los mexicanos y el mundo entero se enteraran de un fenómeno muy común en estos días: la aterradora realidad de las narcofosas.

A Sandalio González, ex jefe de la oficina de la DEA en El Paso, le provoca náuseas recordar el caso de *Lalo* y las narcofosas, no sólo por los horrores humanos que entraña todo el asunto, sino por la corrupción del gobierno de su país, que fue la causa principal para que varios mexicanos resultaran ejecutados por los narcos.

Sandalio González fue quien denunció el caso de *Lalo* y las ilegalidades que cometió el ICE en su intento por ocultar la verdad acerca de su informante, ilegalidades que también pusieron en riesgo la vida de varios agentes de la DEA.

El ex jefe de la DEA en El Paso exhibió la corrupción del ICE ante el Departamento de Justicia y ante el Congreso federal en Washington. Sus reclamos no fueron escuchados. La frustración y la rabia que lo invadieron lo llevaron a abandonar su labor en la lucha contra el trasiego de drogas y optó por jubilarse antes de tiempo.

Gracias a este ex agente de la DEA podemos describir paso a paso, día a día, y casi minuto a minuto, un episodio crucial, imborrable e histórico, que ayuda a entender un poco mejor la enorme telaraña de la guerra contra el narcotráfico en México; el papel de la DEA, del gobierno mexicano, de los policías, de los propios narcos y de las agencias estadounidenses.

La historia de los hechos se registra a partir de julio de 2001, de acuerdo con la cronología oficial realizada por el gobierno federal de Estados Unidos, de la cual a continuación se realiza una relación pormenorizada.

VIAJES A MÉXICO E IDENTIFICACIÓN DE NARCOS

Del 25 de julio al 1° noviembre de 2001 la fuente oficial, el informante *Lalo*, fue autorizado para viajar a las instalaciones del ICE y de la DEA en la embajada de Estados Unidos en México. No se proporcionó información sobre el objetivo de ese viaje ni su resultado.

Una semana después, el 8 de noviembre, *Lalo*, identificado como el informante CS-84-037951 de la oficina regional de la DEA en Ciudad Juárez, informó que las operaciones de la organización de Carrillo Fuentes en esa ciudad se encontraban bajo control del *Ingeniero*, identificado como Heriberto Santillán Tabares.

El ICE describió a *Lalo* como un ex policía federal de caminos mexicano, que vivía en El Paso. Era el segundo de a bordo en el grupo dirigido por Santillán Tabares que presuntamente controlaba, con la ayuda de un corrupto inspector del Servicio de Aduanas de Estados Unidos, el trasiego de cargamentos de mariguana de Ciudad Juárez a El Paso.

El informe oficial consigna:

> Aun cuando Guillermo Eduardo Ramírez Peyro, *Lalo*, fue completamente identificado como CS-84-037951 de la oficina regional de la DEA en Ciudad Juárez, fue hasta julio de 2002 cuando se supo que también colaboraba con el Buró de Inmigración y Aduanas (ICE), que le asignó el número SA-913-EP.

El 3 de enero de 2002, el ICE autorizó un tercer viaje de *Lalo* a México del cual tampoco se cuenta con reportes sobre el objetivo y el resultado del viaje. El 10 de enero *Lalo* informó, que al ser detenido, un inspector del Servicio de Inmigración y Naturalización —quien era un criminal, socio del ICE— reorganizó sus operaciones para que siguiera traficando. Asimismo, proporcionó los números telefónicos que utilizaban con este propósito.

La oficina de la DEA en Ciudad Juárez pidió la entrega obligatoria de esos números telefónicos para identificar el lugar de residencia en El Paso de la fuente del ICE. Para entonces, las oficinas de la DEA en Ciudad Juárez y El Paso ya habían descubierto que *El Ingeniero* era Heriberto Santillán Tabares.

El cuarto viaje de *Lalo* se realizó el 1° de julio. De igual manera, no existen detalles de sus resultados.

El 11 de julio, con base en otras fuentes confidenciales, se abrió de manera oficial una investigación de inteligencia por parte de las oficinas de la DEA en Ciudad Juárez y El Paso, concentrada en la organización de Carrillo Fuentes, que incluía a Santillán y a *Lalo* como informantes. Mientras tanto, la oficina de la DEA en El Paso inició un registro de los números telefónicos aportados por *Lalo*.

Ese mismo mes, durante una reunión en El Paso, se informó al ICE que las oficinas de la DEA en Ciudad Juárez y El Paso investigaban a la organización de Carrillo Fuentes, a Santillán y a su lugarteniente *Lalo*. La oficina del ICE en El Paso le recordó a la DEA que el lugarteniente de Santillán era su informante y que por medio de él estaban llevando a cabo su propia investigación.

Se solicita no informar al gobierno mexicano

El 16 de octubre la oficina de la DEA en Ciudad Juárez asignó un nuevo número a *Lalo* como fuente confidencial del ICE, el CS03-110012. *Lalo* identificó a otros personajes que trabajaban con Santillán y fue confirmado como empleado de la organización de Carrillo Fuentes. También indicó que la policía de Chihuahua estaba controlada en su totalidad por la organización de Carrillo Fuentes, y que Santillán recibía órdenes directas de éste a través de un intermediario, a quien identificó como *El Comandante*.

En la bitácora estadounidense se precisa lo siguiente:

Pese a que Inmigración y Aduanas y la DEA llevaban a cabo investigaciones independientes concentradas en Santillán, Inmigración solicitó de manera consistente a la oficina regional de la DEA en Ciudad Juárez que no compartiera con el gobierno de México ninguna información derivada de la "fuente".

Ese mismo año, el 13 de noviembre, *Lalo* identificó a Miguel Loya Gallegos como comandante de la policía de Chihuahua y como socio de Santillán. La oficina de la DEA en Ciudad Juárez verificó este dato por medio de otro informante, empleado por la policía de Chihuahua, quien notificó que Loya Gallegos era el comandante a cargo del turno de la noche.

Lalo dijo desconocer el lugar donde vivía Carrillo Fuentes, pero acotó que "establecía su presencia" en varios ranchos localizados en el área de Gómez Palacio, Durango. Añadió que una integrante de su familia, Alejandra Carrillo Fuentes, estaba residiendo en El Paso, en el número 517 de la calle Castle Rock.

En enero de 2003 el informante realizó un quinto viaje, sin entregar reportes de su misión.

A partir de enero y hasta marzo de ese año se desarrolló la operación multiagencial *Cielo Alto (Skyhight)*, dedicada a desmantelar la organización de Carrillo Fuentes, acción que la oficina de la DEA en El Paso había iniciado en 2002.

Durante este periodo se realizaron reuniones de coordinación en la oficina de la DEA en El Paso, con la participación de la oficina de la DEA en Ciudad Juárez, del ICE y del FBI; por parte del gobierno mexicano participaron representantes de la PGR, la SIEDO y la AFI.

El informe aclara:

Pese al compromiso de intercambiar información de inteligencia y de llevar a cabo una investigación bilateral entre las agencias estadounidenses y mexicanas, Inmigración y Aduanas continuó pidiendo a la oficina regional de la DEA en Ciudad Juárez no compartir información derivada de la "fuente confidencial" al gobierno mexicano.

199

LAS PRIMERAS DETENCIONES

Lalo había informado el 7 de marzo de 2002 que Gerardo Araujo Delgado, agente de la policía de Chihuahua, era un contacto para varias organizaciones del tráfico de drogas, incluyendo la de Armando Corral Olaquez. Otro individuo, también identificado en esa ocasión por *Lalo* como contacto del narcotráfico, fue Roberto Fierro Molina.

Lalo informó que Heriberto Santillán, *El Ingeniero*, había ingresado a Estados Unidos el 24 de febrero de 2003. El motivo de este viaje fue la muerte de un familiar y posiblemente viajó a Estados Unidos acompañado de Edmundo Castillo Cárdenas, *El Comandante* (miembro de la Policía Federal y lugarteniente de Vicente Carrillo Fuentes, con base en la zona de Monterrey-Coahuila), con quien se hospedó en un hotel ubicado en el Boulevard Airway.

El 10 de marzo de 2003 los agentes de la DEA en Ciudad Juárez localizaron en El Paso el vehículo que utilizaban Santillán y *El Comandante*, de lo cual se informó al ICE y a agentes de esta dependencia. Después de vigilar el auto procedieron a detenerlo en una calle de El Paso; lo hizo un policía de la oficina del *sheriff*, acompañado por un agente de la DEA. Así, la DEA pudo identificar al conductor: *El Comandante*.

El 25 de marzo el ICE y la oficina de la DEA en El Paso realizaron un operativo que permitió la entrega de 29 kilos de cocaína al informante a través de Santillán. La cocaína fue entregada a *Lalo* en un auto Dodge Intrepid modelo 1999 arreglado con un compartimento oculto, donde se metió la droga; ésta le fue entregada por un agente encubierto de la DEA a Ismael Bueno, quien manejó el Intrepid hasta una casa ubicada en la Ruta 4 Box 65C, en Hereford, Texas.

El vehículo fue devuelto al agente encubierto de la DEA y se estableció un operativo de vigilancia de 24 horas en la casa adonde había llegado la cocaína. Posteriormente otro auto Intrepid abandonó la residencia. El automóvil fue interceptado y sus tres ocupantes: Homero Montoya Navares, Jesús Rodríguez Rodríguez y José Guillermo Santana, a quienes se les confiscó la cocaína y 18 mil dólares en efectivo, fueron arrestados. Por medio de este operativo se fortaleció el encausamiento judicial contra Santillán, fechado el 10 de diciembre de 2003, por el delito de conspiración para importar cocaína en Estados Unidos.

El 7 de abril de 2003 el informante entregó la dirección de la casa de Santillán y de su esposa, ubicada en la calle Estocolmo número 600, fraccionamiento El Campestre, en Gómez Palacio, Durango.

En esos días, se autorizaron el sexto y el séptimo viajes de *Lalo* a México, el primero el 10 de abril, y el segundo el 10 de junio.

El 23 de junio de 2003 *Lalo* notifica que Santillán le dio el número telefónico de una casa de seguridad en Ciudad Juárez. Esta casa fue descrita como el lugar utilizado por *El Ingeniero* como residencia y centro de reuniones. La DEA en Ciudad Juárez pudo identificar la residencia, que se encontraba en la calle Francisco Rojas González número 2533-6, colonia Misiones del Portal. En el informe oficial se hace esta precisión:

Nota investigativa. Agentes recomendaron que se realizara una investigación bilateral con la ubicación de la casa para atrapar a Santillán. La oficina regional de la DEA en Ciudad Juárez indicó que la SIEDO y la AFI estaban listas para allanar la casa. La oficina central de la DEA en la Ciudad de México agregó que podría discutir el asunto con José Luis Santiago Vasconcelos, el titular de la SIEDO, pero el Buró continuó argumentando que, "por temor a comprometer la información", no se le notificara nada al gobierno mexicano.

201

El 28 de junio la Patrulla Fronteriza arrestó a *Lalo* por posesión de 45 kilos de mariguana. Dos días después, el ICE le comunicó el hecho a la DEA y le informó que *Lalo* intentaba ponerse en contacto con un nuevo informante pero que no tuvo tiempo de comunicárselo al ICE ni a la DEA en Ciudad Juárez. Según él, para hacerlo habría tenido que llevar la mariguana a Estados Unidos. Al conocer estos detalles, la DEA en Ciudad Juárez descartó inmediatamente a *Lalo* como una de sus fuentes de información.

El 2 de julio *Lalo* fue puesto en libertad y entregado al ICE, cuyos agentes lo interrogaron. El ICE argumentó a la DEA que el incidente de la mariguana había sido una estrategia del informante, pues su objetivo era infiltrarse en una organización dedicada al tráfico de cocaína manejada por un tal Damián, de apellido desconocido.

El ICE notificó a la DEA que, pese al incidente con la mariguana, y a diferencia de ellos, seguirían utilizando a *Lalo* como informante.

EL ASESINATO DE FERNANDO

El 5 de agosto de 2003 *Lalo* participó en Ciudad Juárez en la ejecución de Fernando, de apellido desconocido, por un asunto relacionado con el tráfico de drogas. Este homicidio fue resultado de una conspiración entre Santillán, el informante y otros, para robar a Fernando aproximadamente 453 kilos de mariguana. Declaraciones posteriores, proporcionadas al ICE, indican que *Lalo* se hizo pasar como un transportista de drogas que cruzaría la mariguana por la frontera México-Estados Unidos en el punto fronterizo que le indicara Fernando.

La tarde de ese día Fernando fue llevado por Santillán a una residencia ubicada en el número 3633 de la calle Parcioneros, en Ciudad Juárez. Después de entrar con la víctima a la casa,

El Ingeniero abandonó el lugar. En ese momento *Lalo*, Alejandro García Cárdenas —encargado de la casa— y dos presuntos policías estatales mataron a Fernando "por medio de estrangulación, sofocación y trauma ocasionado por golpes". Los policías estatales originalmente fueron identificados como Vargas y Pérez, alias Luis Pérez.

Al respecto, la bitácora oficial registra la siguiente "nota investigativa": "Luis Pérez fue subsecuentemente identificado por la 'fuente confidencial' y por la oficina regional de la DEA en Ciudad Juárez como Lorenzo Ramírez Yánez, un agente de la policía judicial del estado."

Después del asesinato de Fernando, *Lalo* salió de la casa y se reunió con Santillán. Relató que dejó a Alejandro García con la responsabilidad de deshacerse del cuerpo. Más tarde fue a El Paso, donde se reunió con agentes del ICE para rendir su declaración. Esa misma noche *Lalo* regresó a Ciudad Juárez y se entrevistó con García en la casa de Parcioneros. García le enseñó en el jardín de la casa el lugar donde, junto con Pérez y Vargas, había enterrado el cadáver de Fernando. *Lalo* pagó a García dos mil dólares por la participación de Pérez y Vargas. En el informe se asienta: "Se cree que el dinero que le entregó a García provenía directamente del tráfico de drogas".

El asesinato de Fernando fue grabado en su totalidad por *Lalo*, quien para hacerlo llevaba un equipo de grabación pegado al cuerpo. La cinta fue entregada a agentes del ICE.

Al día siguiente, 6 de agosto, el director regional de la DEA en la Ciudad de México fue notificado por Joel Lozano, agente del ICE, y por Luis Álvarez, *attaché* del ICE en la embajada, que uno de sus informantes había sido testigo de un asesinato. Al personal del ICE se le aconsejó que informara inmediatamente del incidente al jefe de la cancillería de la embajada y al subsecretario Vasconcelos.

Dos días después del asesinato, el 7 de agosto, investigadores del ICE les notificaron a los agentes de la DEA en Ciudad Juárez el asesinato en el que participó *Lalo*. A los agentes de la DEA se les proporcionó una descripción general de la ubicación de la casa. La oficina de esta agencia en Ciudad Juárez realizó una investigación posterior para localizar la casa, pero la información proporcionada por *Lalo* fue insuficiente para lograr su objetivo, por lo que la misma DEA recomendó que el informante regresara inmediatamente a México para que les ayudara a ubicar la casa. La petición fue rechazada por el ICE con el argumento de que se pondría en riesgo la seguridad de *Lalo*.

Unos días después, el 15 de agosto, por medio de una carta, el ICE notificó a la SIEDO sobre el incidente del 5 de agosto, estableciendo que el informante había sido testigo de un asesinato durante el curso de una investigación relacionada con un cargamento de mariguana. El ICE solicitó a la SIEDO que permitiera al informante seguir trabajando en México, con el propósito de continuar investigando a la organización de Carillo Fuentes y para intentar localizar el cadáver de la víctima del homicidio. El ICE le dio garantías a la SIEDO de que les entregarían información posterior y de que *Lalo* estaría a su disposición una vez concluidas las indagaciones.

El informe registra esta observación:

> Por medio de la declaración que rindió la "fuente confidencial" a los agentes del Buró de Inmigración y Aduanas el día 6 de agosto, se demuestra que el cuerpo de la víctima fue enterrado por García Cárdenas, previo al regreso de *Lalo* al lugar de la ejecución, la misma noche en que se llevó a cabo el asesinato.

En esos días se aprueban el octavo y el noveno viaje de *Lalo*, que realiza el 25 de agosto y el 4 de noviembre de 2003, respectivamente. Como en los casos anteriores, no hubo reporte alguno de sus resultados.

OPERATIVO PARA ENGAÑAR AL *INGENIERO*

El 10 de diciembre de 2003 el ICE garantiza la elaboración de un encausamiento judicial ante la Corte Federal del Distrito Oeste de Texas, por tráfico de sustancias controladas a Amarillo, Texas. Los acusados de este delito son Santillán, Edmundo Castillo Flores, Ismael Bueno, Jesús Rodríguez Rodríguez, José Santana Nevarez y Homero Nevarez Montoya.

Nueve días después, la oficina regional del ICE en El Paso presenta a sus oficinas centrales en Washington una propuesta para preparar un señuelo contra Heriberto Santillán Tabares con el objetivo de hacerlo ingresar a Estados Unidos. El 9 de enero de 2004 es aprobada la propuesta del ICE. Tres días después, el 12 de enero de 2004, el *attache* del Departamento de Justicia en la embajada de Estados Unidos en México es notificado por agentes del ICE sobre el operativo para engañar al *Ingeniero*.

Al día siguiente se le otorga la décima autorización a *Lalo* para que se traslade a México. Tampoco se entrega reporte sobre el viaje. Ese mismo día el representante del Departamento de Justicia en la embajada envió un correo electrónico a la Oficina de Asuntos Internacionales del Departamento de Justicia en Washington, en el que expresa su preocupación por la operación que se iba a montar para engañar a Santillán.

Lalo recibe una llamada telefónica de Santillán pidiéndole que lleve las llaves y abra la puerta de la casa ubicada en la calle Parcioneros número 3633, el miércoles 14, a las ocho de la mañana. En otra "nota investigativa" en la bitácora se observa:

Una vez que la "fuente confidencial" rindiera su declaración, inmediatamente después de la evacuación del personal de la oficina regional de la DEA en Ciudad Juárez, el informante indicó que Santillán también le dijo que se iba a hacer una "carne asada". Explicó que éste era un código en referencia a la tortura y asesinato de alguna persona.

El mismo día 14, a la una de la tarde Santillán se encuentra con *Lalo* y le pide que se ponga en contacto con "su informante del ICE" para que le confirme si John Brown también trabaja en la dependencia. Hay que aclarar que *Lalo* le había hecho creer a Santillán que estaba asociado con un inspector corrupto de Aduanas que se encontraba en El Paso. Posteriormente, el ICE aclaró que John Brown no era su empleado: "Se sospecha que el nombre de John Brown fue proporcionado a Santillán durante alguna sesión de tortura y asesinato de alguna de sus víctimas."

El ICE presentó oficialmente la operación contra Santillán al embajador de Estados Unidos en México, Tony Garza. La propuesta del ICE fue aprobada por el diplomático, con la condición de que el involucramiento del informante se limitara a llamadas telefónicas para engañar a Santillán.

Acoso a un agente de la DEA
Y A SU FAMILIA

A las 6:05 p.m. del mismo 14 de enero, dos hombres no identificados tocan el timbre, de manera persistente y por espacio de 10 minutos, de la residencia de Homer McBrayer, agente de la DEA en Ciudad Juárez. La esposa de éste le informó sobre la situación y McBrayer se presentó en su casa pero ya no vio ninguna actividad sospechosa.

Minutos después, a las 6:40 p.m., el agente McBrayer, su esposa y sus dos hijas salen de su residencia rumbo a El Paso, a bordo de un vehículo particular. En una esquina de las calles aledañas a su casa los detiene una patrulla de la policía municipal. El agente McBrayer se estaciona y observa que adelante de su vehículo se coloca un auto pequeño de color blanco, mientras una camioneta *pick up*, también de color blanco, se ubica detrás de la patrulla municipal. Dos hombres desconocidos vestidos de civiles salen de cada uno de los vehículos y se sitúan atrás del automóvil de McBrayer.

Ante el policía municipal, McBrayer se identifica como personal diplomático empleado en el consulado y pregunta por qué lo han detenido. El policía le explica que, por los vidrios polarizados de su automóvil, no pudo observar a los pasajeros que iban adentro y que ésa es sólo una acción rutinaria. Le solicita sus documentos de identificación y McBrayer se los entrega. Éstos indican que su nombre completo es Homer Glenn McBrayer.

El patrullero se dirige a la parte trasera del vehículo y habla con los dos individuos vestidos de civil. En el informe oficial se anota:

> Posteriormente, uno de los sujetos vestido de civil se identificó él mismo ante los agentes de la oficina regional de la DEA en Ciudad Juárez como David Rodríguez. La oficina regional de la DEA en Ciudad Juárez determinó que la verdadera identidad de este sujeto era la de Eric Cano Aguilera, un policía de la judicial del estado de Chihuahua.

Momentos después, el policía regresó con McBrayer acompañado por uno de los civiles, el que manejaba la camioneta, y le pidió a McBrayer que saliera del vehículo porque tenía que hacerle algunas preguntas. McBrayer les dijo que no entendía qué estaba pasando y que iba a hacer una llamada telefónica. Llamó a René Diéguez y a Michael Corbett, agente y jefe de la oficina de la DEA en Ciudad Juárez, respectivamente. Les notificó la situación. El policía y el otro individuo regresaron a la parte trasera del vehículo. Minutos después llegó el agente Diéguez, quien se identificó ante los oficiales como diplomático, pero se negó a presentar sus documentos de identificación; posteriormente se identificaría como René Ramírez. Por su parte, uno de los hombres vestido de civil se identificó como Luis Pérez, un agente de la policía judicial del estado.

En el informe oficial se anota: "Este sujeto después fue identificado como el agente Lorenzo Ramírez Yánez."

Casi al mismo tiempo en que esto sucedía, a las 6:45 p.m., *Lalo*, el informante del ICE, recibió una llamada telefónica de Santillán, pidiéndole que consiguiera información sobre un empleado del ICE. El nombre que le dio Santillán al informante fue el de Homer Glenn. Y a las 6:57 p.m. *Lalo* recibe otra llamada telefónica de Santillán para insistirle que averiguara sobre el nombre que previamente le había dado. Santillán dijo que había un segundo nombre y en la conversación telefónica entre éste y *Lalo* se podía escuchar la voz de Loya Gallegos mencionando el nombre de René Ramírez. Santillán le repite a *Lalo* que investigue el nombre de René Ramírez, quien es miembro de "las tres letras". *Lalo* explica que "las tres letras" es una referencia a la DEA o al FBI.

El policía municipal da por terminado el asunto de la parada por motivos de tránsito a las 7:00 p.m. El agente Corbett llega poco después de esta hora y los agentes, junto con McBrayer, regresan a la oficina de la DEA en Ciudad Juárez.

Investigaciones posteriores revelaron que los individuos que tocaron el timbre de la casa de McBrayer no intentaron ingresar por la fuerza. Debido al cambio de turno de los vigilantes de la zona residencial no se pudo localizar a nadie para que hiciera un recuento de los hechos. McBrayer continuó su camino a El Paso y los agentes Diéguez y Corbett se retiraron a sus casas en Ciudad Juárez.

EVACUACIÓN DEL PERSONAL DE LA DEA

Minutos después, a las 7:15 p.m., Diéguez recibe llamadas de sus contrapartes del ICE en El Paso. Le informan que *Lalo* recibió llamadas telefónicas de Santillán para decirle que tres personas habían sido identificadas como agentes de Estados Unidos en Ciudad Juárez. Santillán acotó que también se identificó la residencia de uno de los agentes y anticipó que en alguna hora de la noche sus socios entrarían a la fuerza a la casa del agente. Santillán le pidió a *Lalo* que cotejara los nombres con su informante en el ICE.

El supervisor de grupo del ICE expresó su gran preocupación por lo ocurrido y catalogó lo que Santillán le había dicho al informante como una amenaza al personal de la DEA en Ciudad Juárez. El supervisor dijo que era urgente garantizar la seguridad de los agentes y de sus familias.

En relación con el incidente de tránsito, Diéguez se comunicó inmediatamente con Corbett y en ese mismo momento se inició una serie de llamadas telefónicas para entablar contacto con los elementos de la oficina de la DEA en Ciudad Juárez. Asimismo, Corbett ordenó la evacuación inmediata de los familiares y del personal administrativo de esa oficina.

En una operación coordinada, la oficina de la DEA en El Paso y el ICE establecieron el tránsito seguro del personal de la DEA en Ciudad Juárez a través de los puertos de entrada a la zona fronteriza que lleva directamente al centro de El Paso.

Se requirieron varias sesiones para que *Lalo* rindiera su declaración en las oficinas centrales del ICE en El Paso. Se llevaron a cabo con la participación del personal de la DEA en Ciudad Juárez. Pero a los agentes de esta agencia en Ciudad Juárez sólo se les permitió hacer contacto con el informante a través de los agentes del ICE. Sin embargo, los agentes pudieron revisar a fondo las grabaciones de la conversación entre el informante y Santillán.

Entre otros detalles de esa conversación se reveló que la organización de Carrillo Fuentes, en asociación con Loya Gallegos, trataba de identificar una casa utilizada como bodega de drogas (narcobodega) ubicada en la misma zona donde residía McBrayer; por eso el cártel había iniciado una operación de vigilancia. Se sospecha que información relacionada con la narcobodega fue obtenida por la organización de Vicente Carrillo por medio del secuestro, la tortura y la ejecución de tres hombres desconocidos, hecho que ocurrió ese mismo día en Ciudad Juárez.

Loya Gallegos solicitó a Santillán que se pusiera en contacto con la fuente confidencial para identificar los nombres de los tres agentes estadounidenses y determinar la dependencia para la cual trabajaban; al respecto, el informe dice: "Inicialmente el personal de la oficina regional de la DEA en Ciudad Juárez revisó las grabaciones de las conversaciones telefónicas entre la 'fuente confidencial' y Santillán."

A las 9:30 p.m. el personal de la DEA de Ciudad Juárez y de El Paso se reunió con sus contrapartes del ICE y la fiscal federal, Juanita Fielden, para determinar que Santillán fuera arrestado en El Paso, Texas. Se decidió que al informante se le instruyera para iniciar una conversación con Santillán, relacionada con los tres individuos que habían sido asesinados y con el caso del incidente de tránsito de McBrayer. En este momento cuando por primera vez se notificó al personal de la DEA en Ciudad Juárez sobre la existencia de un operativo para engañar a Santillán. Fueron Fielden y los jefes del ICE quienes informaron a los agentes de la DEA sobre el asunto.

De este modo, *Lalo* llamó a Santillán a las 10:30 p.m., con quien acordó una reunión para el día siguiente, con el objetivo de hablar sobre la información que se le había pedido confirmar con el contacto en el ICE.

SE ABRE LA INFORMACIÓN ENTRE LAS DIVERSAS INSTANCIAS

El jueves 15 de enero de 2004, a las 10:00 a.m., en la oficina de la DEA, en la embajada en México, se le informa al jefe de la cancillería sobre la evacuación del personal de la DEA en Ciudad Juárez. El jefe de la cancillería, a su vez, informa a la DEA que el 14 de enero de 2004 el embajador estuvo de acuerdo con la propuesta del ICE para engañar a Santillán. El director regional de la DEA, Larry Holifield, preguntó al jefe de la cancillería las razones por las que el asunto no se había coordinado con la DEA en la Ciudad de México.

A esa misma hora, la oficina de la DEA en Ciudad Juárez, en coordinación con la oficina de la DEA en El Paso, inician las investigaciones para identificar al policía municipal que detuvo al agente McBrayer. Al mismo tiempo, en la embajada de Estados Unidos, en la Ciudad de México, se lleva a cabo una reunión para informar al FBI, a Aduanas, al ICE y a los representantes de otras agencias federales, sobre la evacuación de los agentes de la DEA de la ciudad fronteriza. En la misma sesión, el representante del ICE les informa sobre la propuesta para engañar y arrestar a Santillán, sustentada en el caso de un homicidio. Larry Holifield advierte al representante del ICE que aquél era un caso de tráfico de drogas y que el ICE no tenía jurisdicción sobre casos de homicidio.

211

Mientras tanto, en Ciudad Juárez son asesinados dos hombres en una camioneta *pick up* blanca, después de haber sido detenidos por dos sujetos que actuaron como presuntos oficiales de policía. Las víctimas fueron atacadas al momento de atravesar la reja de la zona residencial identificada como Fraccionamiento Maese, localizado en la Calzada del Río número 8010. Los falsos policías pidieron sus identificaciones a las personas que viajaban en la camioneta. Al confirmar la identidad del conductor, inmediatamente uno de los atacantes le disparó en la cabeza con una pistola calibre 9 milímetros.

La prensa local identificó a una de las víctimas como Roberto Rodríguez Cervantes o Rodolfo Rentería Cervantes o Roberto Rentería Cervantes. La oficina de la DEA en Juárez y la policía de Chihuahua indicaron que el sujeto identificado por los reportes de prensa era Rodolfo Rentería Cervantes. La policía de Chihuahua informó que quien ordenó la ejecución había sido Miguel Loya Gallegos; asimismo, dijo que el asesinato de Rentería se debió a la pérdida de 1 814 kilos de una carga de droga no identificada.

El otro pasajero de la camioneta agredido fue identificado como Eliseo Barraza Guillén, quien recibió un disparo en la boca y en el cuello. Su estado de salud se reportó como crítico, permanecía internado en un hospital local y no estaba en condiciones para rendir su declaración. El informe oficial acota: "La residencia donde ocurrió este incidente no era la misma donde vivía el agente McBrayer ni ningún otro empleado del consulado estadounidense en Juárez."

En la Ciudad de México, ese mismo 15 de enero, a las 11:30 a.m., el jefe del ICE informó al director regional de la DEA que en una ocasión anterior el informante de este caso había participado en un asesinato que se cometió en México el 5 de agosto de 2003. La discusión incluyó el caso de una reunión previa celebrada en agosto de ese año entre el jefe del ICE y el fiscal federal mexicano Jorge Rosas García. En esa reunión el fiscal solicitó al ICE que pusiera a disposición del gobierno de México al informante para que rindiera una declaración. Posteriormente, ambos se reunieron con el subprocurador José Luis Santiago Vasconcelos para hablar sobre el asunto.

PERIPECIAS DEL INFORMANTE CRIMINAL

Dos horas después, a la 1:30 p.m., Santillán cruzó la frontera norte de México e ingresó a la ciudad de El Paso para reunirse con *Lalo* con el fin de conversar sobre los incidentes del día anterior. Los agentes de la DEA en Ciudad Juárez revisaron la grabación de esa conversación, en la que Santillán habla de un tal Omar Cepeda, uno de los tres individuos secuestrados, torturados y asesinados por él, Loya Gallegos y otros de sus compinches. Durante la tortura, Cepeda le reveló a Santillán la existencia de la narcobodega —ubicada en el vecindario donde se encontraba la casa de McBrayer—, donde había 1 814 kilos de droga. Santillán contó que después de escuchar lo que dijo Cepeda, Loya Gallegos mandó instalar un servicio de espionaje en los alrededores de la narcobodega.

Santillán le dijo a *Lalo* que él creía que Cepeda le había dado esa información para ponerle un cuatro en represalia por lo que les había hecho a los agentes de la DEA. Santillán contó que Loya Gallegos le dijo que había identificado a los agentes de la DEA, pero que después Loya Gallegos se había reunido con los agentes y que de manera pacífica había resuelto el incidente. Es importante resaltar que no ocurrió ningún encuentro entre Loya Gallegos y los agentes de la DEA en Ciudad Juárez. Sobre el tal Cepeda, la bitácora oficial consigna: "Omar Cepeda, torturado y asesinado el

14 de enero de 2004, fue identificado como Omar Cepeda Sáenz, un agente de la AFI."

A las 3:00 p.m. de ese mismo día, un agente de policía de El Paso detiene el auto que conducía *Lalo* por una infracción de tránsito, la cual previamente se le había ordenado cometer. Santillán fue detenido por agentes del ICE en El Paso para responder al encausamiento que se había formulado en su contra. Una hora después, la fiscal federal Fielden envió un correo electrónico al representante del Departamento de Justicia en la embajada, en la Ciudad de México, para informarle que el fugitivo se encontraba bajo custodia de las autoridades de El Paso.

A las 5:00 p.m., agentes de la DEA de las oficinas de la Ciudad de México y de Monterrey vuelan a El Paso. Los agentes tienen la misión de proteger y asistir al personal de la DEA en Ciudad Juárez, debido "a la calidad y a la potencialidad de la amenaza".

Dos horas más tarde, a las 7:16 p.m., *Lalo* entrega a los agentes del ICE un croquis con la ubicación de la casa donde ocurrieron los asesinatos. A las 8:00 p.m. agentes de la DEA aterrizan en Ciudad Juárez, para dar seguridad a las casas de los agentes evacuados y recuperar las pertenencias personales de sus colegas y sus familiares.

Al día siguiente, viernes 16 de enero de 2004, los periódicos locales reportan el secuestro de tres sujetos a manos de un grupo armado. La denuncia fue hecha por los familiares de dos de los secuestrados ante el juez del cuarto distrito en Ciudad Juárez.

Dos de los secuestrados fueron identificados como Luis Cardona y Juan Pérez Gómez. Se informó que fueron sacados de sus casas y que los familiares de éstos se preguntan si fueron detenidos por la policía federal, estatal o municipal. Los familiares de los secuestrados no pudieron hacer una descripción física de los secuestradores; sólo dijeron que llegaron armados con rifles. Sobre este punto, en el informe oficial se aclara:

Una investigación del gobierno de México identificó a la tercera víctima con el nombre de Omar Cepeda Sáenz. Las investigaciones del gobierno mexicano revelaron que el 15 de enero, los familiares de Cardona, Cepeda Sáenz y Pérez Gómez pidieron un amparo a un juez federal.

Reunión aclaratoria de alto nivel

A las 10:00 a.m. del día siguiente los agentes de la DEA, Ortega, Corbett, Diéguez y McBrayer, se trasladaron a las oficinas del ICE en El Paso a una reunión para abordar la investigación de la amenaza. Al llegar se les notificó que los directores del ICE estaban en otra reunión y que su junta se postergaría hasta después del almuerzo. Así, Ortega y Corbett regresaron a las oficinas de la DEA en El Paso, y Diéguez y McBrayer se quedaron en las oficinas del ICE para revisar las grabaciones de las conversaciones del 14 de enero. Los supervisores del ICE indicaron a los agentes de la DEA que tenían instrucciones de no permitirles acceso a las grabaciones ni a otra información relacionada con la amenaza.

A las 2:00 p.m. Ortega participa en una reunión con Patricia Kramer, agente especial asociada a cargo de las oficinas del ICE; Pete González, agente especial del ICE; Juanita Fielden, fiscal federal a cargo del caso de Santillán en El Paso, y con los agentes de la DEA en Ciudad Juárez. El personal del ICE estaba preocupado porque tenían la percepción de que la DEA había reclamado una falta de coordinación en la operación del engaño a Santillán, lo que comprometió la seguridad del personal de la DEA en Ciudad Juárez.

Ortega reconoció las acciones del ICE para garantizar la seguridad del personal de la DEA en Ciudad Juárez durante la evacuación e hizo un reconocimiento a la cercana relación de trabajo entre el ICE y las oficinas de la DEA en Ciudad Juárez y El Paso. La fiscal federal le informó a la DEA que ella misma había ordenado al personal del ICE que le negara el acceso a la DEA a las grabaciones y también expresó su preocupación por el intercambio de información que hacía la DEA con el gobierno de México.

Fielden le pidió al personal del ICE que le dieran garantías de que no revelarían al gobierno de México el nombre de la fuente confidencial. Ortega le explicó a la fiscal que su principal preocupación era identificar a los que lanzaron la amenaza y abordar el asunto. Añadió que era del interés de las dos agencias determinar si alguna acción del gobierno de México sería en beneficio de la investigación del ICE sobre la amenaza a la oficina de la DEA en Ciudad Juárez. Ortega les garantizó a los que participaron en la reunión que no se le daría ninguna información al gobierno de México sin el consentimiento expreso del ICE y que, además, se le pediría tomar parte en el intercambio de información con dicho gobierno.

La fiscal manifestó que la identificación de la primera víctima enterrada en la casa de seguridad era crucial para pedir la pena capital para Santillán. Fielden reiteró su preocupación por la seguridad del informante, por lo cual, indicó, por lo menos en un mes no lo pondría a disposición del gobierno mexicano.

El ICE entregó a la DEA y al gobierno de México una copia del croquis que hizo *Lalo* para ubicar el lugar donde se llevaron a cabo los asesinatos.

EMPIEZAN A DESCUBRIRSE LAS NARCOFOSAS

El sábado 17 de enero de 2004 el agente McBrayer descubrió que su vehículo había sido uno de varios automóviles robados del estacionamiento del hotel donde se hospedaba y que habían sustraído una bolsa con libros de texto. La bolsa fue encontrada poco después y devuelta a McBrayer por una residente local. Se debe destacar que el vehículo usaba placas diferentes a las que tenía durante el incidente en Juárez del 14 de enero y que el robo del automóvil no estaba relacionado con el incidente.

A las 11:30 a.m. de ese mismo día Martín Levario, agente del Ministerio Público, llegó a Ciudad Juárez, procedente de la Ciudad de México, junto con elementos de las Unidades de Investigaciones Sensibles de la AFI, quienes llevaron a cabo reuniones en El Paso con personal del ICE y la fiscal federal. En ellas, agentes de la DEA en Ciudad Juárez entregaron información relativa a Miguel Loya Gallegos, Lorenzo Ramírez Yánez y otros, para investigarlos y, eventualmente, detenerlos.

Por medio de investigaciones del ICE y de la DEA fue identificada una casa de seguridad en Ciudad Juárez donde se sospechaba habían sido enterrados más de 10 cuerpos, como resultado de las narcoejecuciones conducidas por Loya Gallegos. La investigación del caso la inició Levario y los elementos de la AFI, con la intención de conseguir una orden de allanamiento de la residencia.

El ICE entregó al gobierno de México copias de las fotografías aéreas del vecindario donde se ubicaba el lugar de las fosas. Levario solicitó al ICE que pusiera a su disposición al informante, para que rindiera una declaración que respaldara la solicitud de allanamiento.

El ICE se niega a poner al informante a disposición del Ministerio Público; se llega un acuerdo mediante el cual el Ministerio Público federal intentaría obtener la orden de cateo con la información de inteligencia que le entregó el ICE y con una solicitud formal de la embajada de Estados Unidos. El Ministerio Público estuvo de acuerdo en proveer un equipo de forenses y otros elementos necesarios para llevar a cabo la operación en la casa de marras.

Respaldados con la información del ICE, elementos de la AFI localizaron y fotografiaron la residencia ubicada en la calle Parcioneros número 3633, fraccionamiento Las Acequias, en Ciudad Juárez, Chihuahua. Cuando le muestran las fotografías al informante del ICE, éste confirma la identidad de la casa.

Por la noche, agentes de la DEA en Ciudad Juárez se reúnen con jefes de la policía de Chihuahua quienes les informan que Rodolfo Rentería Cervantes fue asesinado por órdenes del comandante Miguel Loya Gallegos. La policía del estado agregó que se rumoraba que fue el mismo Loya Gallegos quien disparó a Rodolfo Rentería Cervantes, y que el comandante se encontraba en el lugar del crimen para investigar, cuando estas actividades no le correspondían, porque él estaba encargado del turno de la noche. Los policías estatales destacaron que era inusual que Loya Gallegos hiciera eso, que además sabían que Rentería Cervantes había muerto por la pérdida o el robo de más de 1 800 kilos de droga no identificada.

El domingo 18 de enero de 2004, a través de la embajada en la Ciudad de México, el gobierno de Estados Unidos envía una solicitud formal al de México, pidiéndole su apoyo en la investigación del caso de Santillán, Loya Gallegos y sus socios.

Agentes de la DEA en Ciudad Juárez y en El Paso siguen revisando las grabaciones de las conversaciones que sostuvo el informante del ICE con Santillán los días 14 y 15 de enero.

El lunes 19 los agentes de la DEA se reúnen con Levario y con los agentes de la AFI para planear cómo conseguir una orden de cateo en la casa de la calle Parcioneros número 3633. Por la tarde se reúnen con agentes del ICE y les informan que Levario solicitó acceso al informante para obtener una declaración oficial relacionada con los asesinatos que ocurrieron en la residencia.

Más tarde se realiza una reunión entre agentes de la DEA en Ciudad Juárez, el cónsul general de Estados Unidos en esa ciudad y oficiales de la seguridad regional para hablar sobre la situación de los agentes amenazados y sus familiares. El oficial de la seguridad regional informa al personal de la DEA que pese a haber tenido contacto con la policía municipal de Ciudad Juárez no ha conseguido información sobre el policía que detuvo a McBrayer.

Más tarde, a las 4:00 p.m., con base en una revisión que Rosas realizó de la solicitud de cateo, Levario dice que se necesita una declaración formal para garantizar el allanamiento. En consecuencia, se acordó que agentes del ICE rindieran declaración ante la PGR por medio de Levario, en un intento por fortalecer la causa probable que justificara la emisión de la orden de cateo. Levario dijo que se reuniría al día siguiente con los agentes del ICE.

El 21 de enero, agentes de la DEA en Ciudad Juárez y del ICE se reúnen con Levario y con Yuri Sergio Camarillo Martínez, representante de la PGR en el Consulado General de México en El Paso. El agente especial del ICE, Pete González, y otros dos de sus colegas, Luis García y Luis Rico, rinden su declaración ante la PGR para respaldar la solicitud de allanamiento.

Ese día, al caer la noche, agentes de la DEA se vuelven a reunir con Levario y Camarillo Martínez para saber si con las declaraciones de los agentes del ICE se obtendría la orden de cateo. También se habló de otros requerimientos que debería aportar la AFI para apoyarlos en la investigación.

A las 9:30 p.m., los agentes de la DEA se reúnen con sus colegas del ICE y con el equipo canino de la policía de Austin, Texas, para definir las operaciones relacionadas con la búsqueda de cadáveres en la casa de Parcioneros número 3633.

Al día siguiente Levario presenta la solicitud de cateo y el juez la autoriza y la firma.

A la medianoche, agentes de la AFI inician la búsqueda en la residencia. Una vez asegurada la casa por parte de los agentes mexicanos, el equipo canino de la policía de Austin inmediatamente enciende la alerta sobre distintos puntos en el jardín de la parte trasera de la casa. Los agentes del ICE y de la DEA participan como

219

observadores de la operación. A las 2:00 a.m. se inician las excavaciones con una máquina retroexcavadora.

Al otro día, pasadas las 3:30 de la tarde, se registran varias llamadas telefónicas entre el informante del ICE y Miguel Loya Gallegos, algunas de las cuales fueron grabadas por *Lalo*.

Loya Gallegos le preguntó al informante si "ellos" estarían listos al día siguiente y si *Lalo* había hablado con su compadre. Éste le dijo a Loya Gallegos que sus amigos estarían listos; pero éste le pidió que esperaran un poco. En otras llamadas posteriores que realizó *Lalo*, Loya Gallegos y su compadre hablaron de la posibilidad de pasar a Estados Unidos a Alejandro García Cárdenas. Loya Gallegos le ordenó al informante que lo llamara después. Se cree que el compadre es José Jaime Márquez.

En la casa intervenida es localizado el primer cadáver a las 8:00 p.m. Las excavaciones continúan realizándose, pero sin la retroexcavadora y a las 11:00 p.m. se localiza un segundo cuerpo. A la medianoche se encuentra un tercer cadáver.

SIGUEN APARECIENDO CADÁVERES

En la última serie de llamadas telefónicas entre *Lalo* y Loya Gallegos, el informante le pregunta a Loya si sabía cómo estaba Santillán, después de lo cual la llamada se cortó. En otra llamada, Loya Gallegos pregunta "si el tipo puede hacer esto"; *Lalo* responde que el compadre (Márquez) proviene del lado de Estados Unidos y le pregunta a Loya Gallegos si había escuchado algo; Loya contesta que todo estaba muy callado y que él estaba investigando la situación. En otra llamada, Loya Gallegos le pide a *Lalo* que cambie su número de teléfono y que llame con el nuevo número lo antes posible.

Por la noche, agentes de Ciudad Juárez se enteraron de que *Lalo* estaba en contacto con Loya Gallegos. Paralelamente ocurren varias llamadas telefónicas entre Diéguez y el agente del ICE, Raúl Bencomo, encargado de manejar al informante, en las que hablan sobre la propuesta de engañar a Loya Gallegos para que se acerque a un puerto de entrada a El Paso y sea detenido por la policía mexicana. Bencomo llama a *Lalo* y luego al agente Diéguez, para decirle que el informante afirma que sí puede engañar a Loya Gallegos para que vaya a la frontera con la intención de asistir a una reunión en Estados Unidos.

El 25 de enero continúan las excavaciones y es encontrado un cuarto cadáver.

Ese mismo día, a las 12:00 p.m., se celebra una reunión en las oficinas del ICE en El Paso, a la que asiste Sandalio González, otros agentes de la DEA y el jefe de la oficina del ICE en esa ciudad, John Guardioso, Cramer, Bencomo y otros agentes del ICE. La DEA le pide al ICE que el informante llame a Loya Gallegos, con el objetivo de ubicarlo para que sea detenido. Los jefes del ICE se rehusan, argumentando que el escenario no es plausible y que un arresto en esas circunstancias comprometería la seguridad del informante.

El agente Corbett pidió que por lo menos el informante continuara con las conversaciones telefónicas con Loya Gallegos, para seguir recolectando información de inteligencia. Se inicia así una discusión sobre el cambio de número telefónico de *Lalo*, quien poseía un Nextel registrado en El Paso, que había sido interceptado por el ICE. Los agentes de esta agencia especularon que se podía modificar el número de teléfono sin tener que cambiar el aparato, que de ese modo no se interrumpiría la intercepción de las llamadas telefónicas. El ICE le prometió a la DEA que al otro día resolvería el asunto del cambio de número del teléfono de *Lalo*.

El lunes 26 de enero se hallan otros siete cuerpos en la casa de Parcioneros. Uno de los cadáveres estaba envuelto en papel periódico con fecha del 14 de enero de 2004. La PGR también localiza un agujero en el cual se había enterrado una pila de ropa.

Al mismo tiempo, continúan las investigaciones conjuntas relativas a la localización y el arresto de Loya Gallegos y Lorenzo Ramírez Yánez.

A las cinco de la tarde de ese día se realiza un encuentro en el ICE para dar seguimiento a las reuniones del día anterior. Se habla de la propuesta de que el informante engañe a Alejandro García Cárdenas para que pueda ser detenido por elementos de la AFI. El agente Corbett pregunta por la persona identificada como Jaime, quien el 14 de enero entregó las llaves de la casa a Santillán. Un agente del ICE identificó a Márquez como el sujeto que entregó las llaves y aseguró que se trataba de un contacto de *Lalo* que había participado en la excavación de las fosas para enterrar a las víctimas asesinadas.

Corbett pidió más información para ubicar y arrestar a Márquez, pero el agente del ICE dijo que interrogaría a *Lalo* sobre este caso. Corbett insistió en que el informante mantuviera comunicación telefónica con Loya Gallegos. En esa reunión el ICE le comunicó a la DEA que el informante ya estaba de regreso en El Paso para participar en una operación que realizaría el ICE y para rendir su declaración ante la fiscal federal del Departamento de Justicia.

Esa noche Corbett recibió las trascripciones de las llamadas telefónicas que sostuvieron el informante y Loya Gallegos los días 13 y 14 de enero.

A las 11:00 p.m., agentes de la DEA en Ciudad Juárez se reúnen con miembros de la AFI y reciben fotografías del agente de la policía del estado, Eric Cano Aguilera. Los policías inmediatamente identifican a la persona de las fotografías como la segunda persona vestida de civil que participó en el incidente de tránsito de McBrayer, el 14 de enero. Investigaciones posteriores que llevó a cabo la DEA en Ciudad Juárez arrojaron resultados negativos. El informe oficial hace esta precisión: "Cano Aguilera fue después identificado por la 'fuente confidencial' del Buró como una de las personas que participaron en los asesinatos en la casa de Parcioneros."

A LA CAZA DEL LOYA GALLEGOS

El 27 de enero un equipo del gobierno de México y agentes de la DEA en Ciudad Juárez continuaron con los intentos para localizar y detener a Loya Gallegos y a Lorenzo Ramírez Yánez. La policía del estado reportó a la DEA que Loya Gallegos no se había presentado a trabajar desde la noche anterior y que el gobernador llamó al procurador general para ordenarle que detuviera a Loya Gallegos y a Ramírez Yánez, así como a todo el personal del turno de la noche de la policía estatal; agregó que todos estaban despedidos. Lo anterior provocó que los policías se escondieran. (Había otros 16 agentes en el turno de la noche, además de Loya Gallegos).

Días después la DEA ubicó otra residencia de Loya Gallegos, lo cual fue confirmado por el informante del ICE. La información se la transfirió al gobierno de México para que apoyara los trabajos de localización de la casa y el arresto de Loya Gallegos y Ramírez Yánez.

Alejandro García Gutiérrez, hijo de Alejandro García Cárdenas, también participó en la excavación de las fosas en la casa de Parcioneros. García Cárdenas había estado buscando al informante del ICE para que lo ayudara a entrar a Estados Unidos. Loya Gallegos se comunicó con *Lalo* para pedirle que juntos ayudaran a García Cárdenas a pasar a Estados Unidos. El ICE elaboró inmediatamente un plan para que el informante llamara a García Cárdenas y le ordenara cruzar por el Puente de las Américas para que en un punto neutral del puente se reuniera con *Lalo*. Más tarde, García Cárdenas y su hijo Alejandro fueron detenidos por autoridades de México en el lado mexicano del Puente de las Américas.

El gobierno de este país trasladó a la Ciudad de México a García Cárdenas, a su hijo y a su esposa, Erika Mayorga Díaz, y los puso bajo arresto domiciliario.

La DEA insistía al ICE que le permitiera tener acceso al informante para obtener datos adicionales sobre Loya Gallegos y Ramírez Yánez, y poder engañar al primero. El ICE respondió que la fiscal federal y Guardioso habían ordenado que ninguna otra agencia podía hablar con el informante hasta que rindiera su declaración ante la fiscal federal.

Los agentes del ICE dijeron a los de la DEA que el informante había dicho que una operación para engañar a Loya Gallegos quedaba totalmente descartada, que no funcionaría.

Nota investigativa. Agentes de la oficina regional de la DEA en Ciudad Juárez tuvieron acceso limitado a la "fuente confidencial", por medio de Bencomo. Esto ocurrió con el objeto de que *Lalo* revisara fotografías para identificar a otros sujetos involucrados en la investigación.

El 28 de enero el gobierno de México arrestó a 13 elementos de la policía del estado que trabajaban en el turno de la noche bajo las órdenes de Loya Gallegos. Los detenidos fueron trasladados a la Ciudad de México para ser interrogados. García Cárdenas y su hijo habían decidido cooperar con el gobierno de México. Confesaron su papel en los sucesos de la casa de Parcioneros y García Cárdenas proporcionó información adicional sobre la posible ubicación de Loya Gallegos.

Corbett y otro agente de la DEA se reunieron con Pete González y con Johnson en las oficinas de El Paso. Los agentes de esa agencia insistieron en su petición de identificar a Márquez, pero el personal del ICE dijo que lo pensaría. También informaron a los agentes de la DEA que *Lalo* ya no había tenido comunicación con Loya Gallegos.

Al día siguiente, 29 de enero, el equipo forense del gobierno de México recupera en la casa de Parcioneros el cadáver número 12. Con base en la ubicación y en las condiciones del cuerpo, se sospecha que se trata de Fernando, asesinado el 5 de agosto de 2003 por Santillán, el informante del ICE y sus otros socios.

LOS 13 POLICÍAS ESTATALES DETENIDOS

Agentes de la DEA y funcionarios del gobierno de México se reúnen en la oficina de Ciudad Juárez. La DEA solicita copias de los exámenes forenses practicados a los cadáveres exhumados y le propone a Levario que la PGR tome fotografías a todos los policías municipales de Ciudad Juárez.

Se creía que revisando las fotografías, los agentes McBrayer y Diéguez podrían identificar al policía que inició el incidente de tránsito del 14 de enero. Con eso, la PGR podría ubicar y detener al responsable. Levario estuvo de acuerdo con lo anterior y prometió realizar una investigación inmediatamente.

La DEA recibió las fotografías de los 13 policías arrestados el día anterior. Las fotos fueron escaneadas y enviadas a Bencomo, vía correo electrónico, para que se las presentara al informante del ICE.

Lalo identificó a Arturo Jaime Morales como uno de los que participaron en los asesinatos cometidos en la casa de Parcioneros, el 23 de noviembre de 2003 y el 8 de enero de 2004. También identificó a Álvaro Valdez Rivas como uno de los participantes en el acto criminal perpetrado por Loya Gallegos. Esta información fue entregada de manera inmediata a Levario y a los comandantes de la AFI.

Al mismo tiempo, los agentes de la DEA en Ciudad Juárez consiguieron la fotografía que Márquez se tomó para obtener el visado

225

estadounidense. La foto fue enviada por fax a Bencomo para que *Lalo* identificara a Márquez, pero no hubo respuesta del informante.

Después de repetidas solicitudes de la DEA al ICE, que iniciaron el 24 de enero y continuaron hasta el 29 del mismo mes, Pete González informó a Corbett que la fuente confidencial había llamado varias veces a Loya Gallegos pero que éste ya no contestaba el teléfono.

Durante la noche, Pete González se comunicó con el subprocurador Santiago Vasconcelos, quien se encontraba en Ciudad Juárez, para hablar sobre las investigaciones de la casa de Parcioneros.

González ingresó a México para reunirse con Vasconcelos en el escenario de los crímenes, con el propósito de tomar algunas fotografías. Durante su reunión con el subprocurador mexicano, González consiguió que aceptara la propuesta de que, utilizando al informante del ICE, Márquez fuera engañado para que saliera de México con rumbo a Estados Unidos. Este compromiso se hizo sin tomar en cuenta a la DEA.

El viernes 30 de enero, como a las ocho de la mañana, Corbett llamó a Pete González para preguntarle sobre la información relacionada con Márquez. González le aseguró que no tenía nada adicional y que hacía dos días no hablaba con *Lalo*. Esto le dijo González a Corbett, justo en el momento en que *Lalo* rendía su declaración ante agentes del ICE y la fiscal Fielden. Corbett insistió en que era necesario localizar a Márquez, pues consideraba que era la última oportunidad para ubicar a Loya Gallegos, un testigo que tenían de la amenaza a los agentes de la DEA en Ciudad Juárez. Pete González prometió que lo llamaría. Poco después, González llamó a Corbett para notificarle la propuesta de tenderle una trampa a Márquez.

La DEA en Ciudad Juárez distribuye una fotografía de *Lalo* y, al mismo tiempo, envía otra fotografía, de Alejandro García Cárdenas, a sus colegas de la oficina en la Ciudad de México. Los agentes de la DEA en la capital mexicana se comunican con los de Ciudad Juárez para notificarles que García Cárdenas había suspendido su cooperación con las autoridades mexicanas y que no estaba en condiciones para rendir declaraciones a los agentes estadounidenses.

La policía de Chihuahua informó a la DEA en Ciudad Juárez que los 13 policías estatales detenidos permanecerían 90 días bajo arresto domiciliario y que éstos habían declarado que conocían las actividades criminales del comandante Miguel Loya Gallegos y que todos sabían la ubicación de la casa en Parcioneros y los detalles sobre lo que ahí sucedía.

Cerca de las cinco de la tarde, el agente Corbett llamó a Pete González para pedirle nuevamente la confirmación de los datos recopilados sobre Márquez. González dijo estar sorprendido por la insistencia de la DEA, informó que daría la orden a los agentes del ICE para abordar el asunto.

Cuando Corbett le preguntó a González sobre el plan para engañar a Márquez, el jefe del ICE le respondió que, si era detenido, Márquez requeriría una custodia las 24 horas del día, razón por la cual se pospuso la operación hasta el siguiente lunes, ya que él había autorizado a sus agentes que se tomaran libre el fin de semana.

Treinta minutos después de que se llevó a cabo esta conversación, Diéguez llamó a las oficinas del ICE y el agente Bencomo le comunicó la fecha de nacimiento de Márquez.

El sábado 31 de enero, las excavaciones en la casa de Parcioneros estaban a punto de concluir, sin que se localizaran más cadáveres. Un comandante de la AFI, de apellido Reyes, informó a la DEA en Ciudad Juárez que el fiscal Levario tenía en su poder las fotografías de todos los elementos de la policía municipal de Ciudad Juárez y que se las enviaría por internet en cuanto él las recibiera.

LA ROTUNDA NEGATIVA DEL ICE

Reyes también informó que la AFI estaba terminando de hacer unas investigaciones para conseguir órdenes de cateo en varias casas y propiedades ubicadas en Ciudad Juárez y en otros puntos del estado de Chihuahua. Las peticiones de allanamiento se enviarían a un juez federal el lunes 2 de febrero.

El domingo 1° de febrero, el jefe de la oficina regional de la DEA en la Ciudad de México, el señor Holifield, conversa con el subprocurador Vasconcelos, quien le expresa su preocupación por el descubrimiento de los cadáveres en la casa de Parcioneros, y el fiscal Jorge Rosas García hace alusión al problema que ha creado la negativa del ICE de poner a disposición de las autoridades mexicanas al informante.

El lunes 2, Levario catea 12 propiedades, identificadas por Alejandro García como presuntas narcobodegas y narcofosas.

Holifield se reúne con Joan Safford, representante del Departamento de Justicia en la embajada, en la Ciudad de México; con Luis Álvarez, director regional del ICE, y con John Dixon, jefe de la cancillería. El representante de la DEA les habla de la molestia del gobierno de México por la negativa del ICE a proporcionarles acceso al informante y les recomienda que se lo permitan lo antes posible.

El martes 3, conforme a las autorizaciones de allanamientos, el gobierno de México inicia excavaciones en un rancho localizado al suroeste de Ciudad Juárez, donde se sospecha que pueden estar enterrados varios cadáveres.

La DEA en Ciudad Juárez recibe las fotografías de todos los elementos de la policía municipal. Corbett se comunica por teléfono con Pete González y éste le informa que los agentes del ICE han considerado como una prioridad llevar a Estados Unidos a la madre del informante; además, le dice que sigue pendiente el plan de tenderle una trampa a Márquez. Según él, *Lalo* está en comunicación con Márquez, quien le había dicho que "Ciudad Juárez estaba muy caliente" y él no quería cruzar a Estados Unidos por ese lado de la frontera.

González le aseguró a Corbett que por medio del informante el ICE estaba negociando la entrada de Márquez a Estados Unidos por otra parte de la frontera. Le aclaró que el ICE ya no consideraba que ésta fuera una operación de engaño, propio Márquez ya estaba pensando en la posibilidad de entregarse de manera voluntaria. A este respecto, el informe aclara: "Debe hacerse notar que Márquez era un fugitivo deportado de Estados Unidos, y que en su contra existía una orden de arresto en el estado de Nuevo México".

Cuando Corbett le preguntó a González sobre las solicitudes de acceso al informante, éste le dijo que la DEA tenía autorización para entrevistarlo, pero con la condición de que sólo lo interrogara sobre el tema de la amenaza a los agentes de la DEA en Ciudad Juárez, y no respecto de los asesinatos en la casa de Parcioneros. Corbett le recordó a González que tres de esos asesinatos habían ocurrido el 14 de enero de 2004, lo cual estaba directamente ligado al asunto de la amenaza a los agentes de la DEA y sus familiares.

González llamó a Guardioso y le dijo a Corbett que su jefe aceptaba que interrogaran al informante sólo sobre esos tres asesinatos. La otra condición para interrogar a la fuente era que el procedimiento se llevara a cabo frente a la fiscal Fielden. González le advirtió a Corbett que el informante estaba fuera de la ciudad y que posiblemente el interrogatorio se realizaría el 9 de febrero.

Más tarde, ese mismo día, González volvió a llamar a Corbett para comunicarle que el informante había visto la fotografía de Juan José Márquez Márquez y había dicho que no correspondía a José Jaime Márquez.

En la Ciudad de México se celebra un encuentro entre Holifield, Álvarez y Rosas, en el cual el director regional del ICE le informa al gobierno mexicano que la fuente confidencial estará a su disposición el 9 de febrero.

El 5 de febrero el gobierno de Chihuahua anuncia el ofrecimiento de una recompensa de 10 mil dólares por información que ayude al arresto de los policías del estado Miguel Loya Gallegos, Eric Cano Aguilera, Álvaro Valdez Rivas y Lorenzo Ramírez Yánez.

Mientras tanto, continúan las excavaciones en el rancho, pero ya no son localizados más cuerpos. Por esta razón el gobierno de México solicita nuevamente los servicios del equipo canino de la policía de Austin, Texas, para lo cual, la DEA inicia los trámites necesarios para cumplir con el pedido mexicano.

En respuesta a una nota diplomática enviada por la embajada de Estados Unidos al gobierno mexicano, Eduardo Medina Mora, director del Centro de Investigación y Seguridad Nacional (Cisen), anuncia que enviará a Ciudad Juárez personal adicional de la dependencia a su cargo para fortalecer las investigaciones.

Ese mismo día, el ICE se mantiene en comunicación con Márquez para convencerlo de que ingrese a Estados Unidos, con el propósito de que sea uno de los testigos en el juicio de Santillán. El ICE sostiene que Márquez ingresaría a Estados Unidos por Laredo, Texas. La DEA califica esta operación como una trampa, pero el ICE insiste en que Márquez se entregará de manera voluntaria a las autoridades.

El 6 de febrero la AFI notifica a la DEA en Ciudad Juárez que el último cadáver exhumado en la casa de Parcioneros es el de Fernando Reyes Aguado, un abogado originario de Durango. Las evidencias forenses indican que Reyes Aguado fue victimado el 5 de agosto de 2003, el día que el informante participó en el asesinato.

Genaro García Luna, director de la AFI, informa que mantendrá a un equipo de agentes en Ciudad Juárez para dar seguimiento a las investigaciones de los homicidios, con base en la información que comparte con ellos la DEA en Ciudad Juárez.

En el ínterin se hacen los últimos arreglos para que el lunes 9 de febrero llegue a Ciudad Juárez el equipo canino de la policía de Austin.

El subprocurador Vasconcelos informa a Holifield que uno de los cuerpos exhumados en la casa de Parcioneros corresponde a un residente de Estados Unidos.

El sábado 7 de febrero José Jaime Márquez ingresa por Laredo a Estados Unidos e inmediatamente comienza a cooperar con las autoridades del ICE.

El lunes 9 llega a El Paso el equipo canino de la policía de Austin. La DEA en Ciudad Juárez consigue una fotografía de Fernando Reyes Aguado. Las oficinas de la DEA en El Paso y en Ciudad Juárez organizan una operación de vigilancia especial en un hotel de la ciudad, en respuesta a una información que reciben de que ahí se encuentra hospedado Loya Gallegos. Esta información es entregada por Vasconcelos a Holifield.

Al siguiente día inicia la búsqueda de más cuerpos en una casa ubicada en la calle Luna número 747, colonia Pensamiento, en Ciudad Juárez. Con el apoyo del equipo canino de Austin, de la AFI y de la DEA en Ciudad Juárez, las autoridades mexicanas determinan que en esa residencia no existe ninguna narcofosa.

Unos días después, concluye la operación de vigilancia en el hotel de El Paso, luego de que se determina como falsa la información de que Loya Gallegos y sus compinches se encontraban hospedados allí.

Al mismo tiempo se hacen los arreglos para que Levario viaje a la ciudad de Dallas, Texas, con el fin de que en el Consulado General de México en esa ciudad el informante del ICE rinda su declaración ante las autoridades mexicanas.

Levario solicita la presencia de personal de la DEA en Ciudad Juárez durante la entrevista con la fuente. La respuesta del ICE al pedido de Levario fue denegatoria.

Por otra parte, personal de la DEA en Ciudad Juárez se reúne el día 11 con Levario y apoya los procedimientos para su viaje a Dallas. El fiscal mexicano entrega a los agentes de la DEA información referente a Luis Portillo Madrid, un miembro importante de la organización de Vicente Carrillo Fuentes.

El 12 de febrero, funcionarios del gobierno mexicano terminan la trascripción de las declaraciones de Alejandro García Cárdenas en la Ciudad de México. Éste confirma la identidad del informante del ICE por medio de la fotografía que envió a la capital mexicana la DEA en Ciudad Juárez.

Finalmente, García Cárdenas describe el papel de *Lalo* en relación con las operaciones criminales de Santillán Tabares y asegura que estuvo presente durante los asesinatos de cinco personas en Ciudad Juárez.

14

El Chapo en "el sexenio de la muerte"

Durante el gobierno de Felipe Calderón Joaquín *el Chapo* Guzmán Loera, se encumbró como el narcotraficante de México "más buscado", "más peligroso", "más poderoso", "más rico", "más despiadado", "más inteligente", y "el más sanguinario" de todos los demás jefes de los cárteles de la droga.

El Chapo, quien gracias a los medios de comunicación se ha transformado en un personaje conocido en casi todos los rincones del planeta, es el criminal que representa y exhibe el fracaso de la lucha militarizada contra el narcotráfico del gobierno de Calderón.

Con todo el énfasis y el orgullo con que Calderón se refería a su guerra, y pese a todo el respaldo militar, de inteligencia, tecnológico y monetario que ésta recibió de Estados Unidos, *El Chapo* se burló de Los Pinos y de Washington. Está libre y, por si fuera poco, los dos gobiernos lo consideran el jefe absoluto del Cártel de Sinaloa, el cual, de acuerdo con la conclusión a la que llegó el Departamento del Tesoro estadounidense, es la organización criminal más poderosa del mundo.

Es indudable que *El Chapo* derrotó a Calderón y a su guerra militarizada contra el narcotráfico. Insisto, *El Chapo* está libre y el Cártel de Sinaloa es el principal exportador de drogas no sólo al territorio estadounidense, sino también a otros países de América Latina, Europa, África y Asia. Esto se afirma en informes públicos de inteligencia del gobierno mexicano y de agencias como la DEA, la CIA y el FBI.

El Cártel de Sinaloa es uno de los grupos del narcotráfico de México que contribuyeron a que, en lugar de ser recordado como el sexenio del éxito en la lucha contra las drogas, del avance económico y laboral, el de Calderón quede para siempre grabado en la historia del país como "el sexenio de la muerte".

¿POR QUÉ EL CHAPO SIGUE LIBRE?

La lucha militarizada de Calderón dejó como herencia a los mexicanos una herida que no cicatriza, que seguirá sangrando por mucho tiempo principalmente debido a la impunidad en torno a su saldo de más de 60 mil muertos y más de 20 mil desaparecidos.

El Chapo es el emblema del fracaso de Calderón y de Washington.

Pero, ¿por qué es un criminal intocable, quien no obstante el respaldo de la Casa Blanca y del Capitolio no pudo ser capturado o eliminado durante el gobierno de Calderón?

"Fue por la enorme corrupción que se expandió en el gobierno de Calderón, por eso no lo atrapan", dice sin el más mínimo temor a equivocarse José Baeza, el agente de la DEA que salió de México en 2008, al culminar su tercera etapa en la lucha contra el trasiego de los narcóticos.

"El Chapo es un capo importante —explica Baeza—, de eso no hay duda. Pero nunca podrá superar a Amado Carrillo Fuentes. El Chapo se ha beneficiado de la publicidad de los medios de comunicación y de todo lo que ha dicho el gobierno mexicano sobre él. Se escapó de la cárcel [el 19 de enero] en 2001 y ya pasaron más de 11 años. ¿Por qué no lo arrestan? ¿A poco el gobierno de México no sabe dónde está él ni dónde está su familia? —anota Baeza, quien resume en dos palabras la respuesta a sus propias interrogantes—: por corrupción."

234

—¿En realidad sabe el gobierno de México dónde se encuentran *El Chapo* y sus familiares?

—Claro, ha recibido mucha información de inteligencia de nuestra parte, de otras agencias [estadounidenses] y de sus propios sistemas de investigación, militares y civiles.

"Nunca han realizado una investigación a fondo para detener a su familia, que está disfrutando del dinero que acumuló *El Chapo* en el tráfico de las drogas. No lo quieren tocar; no quieren tocar sus bienes, ni sus ranchos, ni sus negocios. Para mí está muy claro: el gobierno de Calderón no quiere ir contra él.

"El Cártel de Sinaloa no está debilitado; al contrario, se fortaleció por la corrupción en el gobierno federal, en niveles muy altos. No hace falta ser un sabio para llegar a esta conclusión. ¿Por qué nadie ha detenido al *Chapo* y a otros de sus socios como a Ismael *El Mayo* Zambada García o a Juan José Esparragoza Moreno, *El Azul*? Todos ellos llevan muchos años en el negocio, pero increíblemente nadie los detiene y siguen libres."

—¿De verdad sabe el gobierno de México dónde se esconde *El Chapo* y los demás miembros del Cártel de Sinaloa?

—Sí, sí saben dónde están. Naturalmente lo saben, y saben dónde están sus familiares. La tropa o algunos jefes de la policía que supuestamente los están buscando no se meten con ellos ni con sus familiares porque saben quiénes los protegen y en qué niveles del gobierno.

—¿Quiénes protegen al *Chapo* y al Cártel de Sinaloa?

—Eso no me toca a mí decirlo. El día que en México arresten a ciertos políticos van a descubrir muchas verdades sobre los misterios del *Chapo* y del Cártel de Sinaloa.

—¿Qué sabe la DEA sobre *El Chapo*?

—La DEA tiene una larga lista de propiedades del *Chapo*, de sus ranchos, de sus casas. Esta lista también la tiene el gobierno mexicano. Antes era sólo nuestra, pero se la dimos.

"En varias reuniones con autoridades mexicanas les decíamos: 'Mira, tenemos esta información'. Ellos respondían preguntando si en el lugar que les enseñábamos *El Chapo* se encontraba en ese momento. Claro que eso no se lo podíamos garantizar, pero les explicábamos que esa propiedad le pertenecía a él, y que para localizarlo era necesario investigar sobre esa pista, que una operación importante toma tiempo. No nos hacían caso."

—¿*El Chapo* tiene muchas propiedades en México?

—Muchas. Recuerdo que una ocasión, a principios del sexenio de Calderón, le dimos una información al Ejército acerca de un lugar en Sinaloa al que iba a llegar. Era uno de sus ranchos, a donde supuestamente fueron a buscarlo pero no nos avisaron cuando lo hicieron. Dos o tres días después nos llamaron para decirnos: "Se nos peló, creemos que nunca llegó a ese lugar".

PERSONAJES DE LEYENDA

La leyenda del *Chapo* comenzó a crecer de manera desproporcionada a partir del viernes 19 de enero de 2001, cuando de la forma más absurda, en las narices del gobierno de Vicente Fox, el jefe del Cártel de Sinaloa se fugó de Puente Grande, la cárcel federal de máxima seguridad de Jalisco. A partir de entonces, y hasta la fecha, Joaquín *El Chapo* Guzmán Loera es el criminal más popular en México. Además de la constante atención que le han brindado los medios, libros, historietas y corridos siguen contribuyendo a fraguar el mito del capo; todo dentro de la llamada narcocultura que nació y se consolidó a costa del fracaso de la guerra contra las drogas de Calderón.

En marzo de 2012, por cuarta ocasión consecutiva, *El Chapo* fue incluido por la revista *Forbes* en su lista de los hombres más ricos del mundo. La publicación, cuya sede se encuentra en la ciudad de Nueva York, sin presentar ninguna prueba para fundamentar su determinación, calculó en mil millones de dólares la fortuna de Guzmán Loera, a quien encasilló en el lugar 1 153 entre los multimillonarios del planeta.

"Joaquín Guzmán, conocido como *El Chapo*, es un criminal y líder del Cártel de Sinaloa, responsable del 25 por ciento del tráfico de drogas a Estados Unidos procedente de México", afirmó *Forbes* en su edición de marzo de 2012. *El Chapo* había debutado en la famosa lista de *Forbes* en 2008. En ese año al jefe del Cártel de Sinaloa la revista neoyorquina lo colocó en el muy envidiable puesto 452 de su lista. Para el año siguiente *El Chapo* descendió al lugar 701; en 2010 bajó al 937, y al 1 140 en 2011.

La mayoría de los agentes de la DEA que trabajan o trabajaron en México, entrevistados para la elaboración de este libro, dice que se atreverían a apostar lo que fuera a que, si el gobierno mexicano quisiera, en menos de dos días capturaría al jefe del Cártel de Sinaloa.

Al solicitarle una explicación sobre la falta de voluntad del gobierno mexicano para atrapar al líder del Cártel de Sinaloa, el agente, sin revelar su nombre, declara al respecto:

No es un misterio el lugar donde se esconde. Está en la Sierra Madre Occidental, entre Chihuahua, Durango y Sinaloa. Lo digo porque esta información la hemos compartido con el gobierno mexicano, y ellos a su vez en otras ocasiones nos lo confirmaron. Es más, te voy a contar dos episodios que no se conocen públicamente en México, para que la gente saque sus propias conclusiones de las razones por las que Calderón no logró capturar al *Chapo*. El primer episodio ocurrió el 19 de mayo de 2007, en el pueblo de Coluta, que pertenece al municipio de Tamazula, Durango. Habíamos recibido información confidencial, por parte de varios de nuestros informantes, de que *El Chapo* asistiría ese día a la fiesta de 15 años de la hija de un compadre que tiene en Coluta. Todos estos datos, y algunos otros detalles que por cuestión de seguridad no te los puedo proporcionar, la DEA se los entregó al gobierno de México. La información la recibió la Presidencia, la Secretaría de Gobernación, la Secretaría de Seguridad Pública [SSP], la Procuraduría General de la República [PGR], el Ejército y la Marina mexicana.

El gobierno de Calderón mandó un pelotón del ejército para capturar al *Chapo*; fueron como unos 30 soldados, todos muy bien armados y equipados con tecnología sofisticada. Los militares llegaron a Coluta el día de la fiesta de 15 años, pero *El Chapo* se les escapó. Increíble, porque Coluta es un pueblo pequeño, pero los militares mexicanos no pudieron o no quisieron atraparlo.

Nos explicaron que la gente de Coluta les dijo, después de que *El Chapo* se había fugado, que "el señor" llegó con una escolta como de 50 personas, todos con armas de alto poder y con radios colgados en el pecho. Que todos, incluido *El Chapo,* llegaron a Coluta en cuatrimotos. Que los escoltas habían colocado varios halcones a las orillas del pueblo y que cuando llegaron los soldados la gente del *Chapo* (y él mismo) abandonó la fiesta.

Los militares mexicanos nos contaron que vieron a la gente del *Chapo*, y posiblemente hasta al mismo capo, pero que no lo pudieron distinguir porque todos iban vestidos con ropa y gorra de color negro. Que montados en las cuatrimotos salieron disparados por varias direcciones del pueblo de Coluta y que en el desperdigadero de gente no pudieron capturar a ninguno, ni tampoco identificar a Guzmán Loera. ¡Nadie esperaba esa nueva táctica de las cuatrimotos! *El Chapo* es inteligente, y en esa zona de la sierra de Durango es difícil que alguien te atrape si vas en una cuatrimoto y quien te persigue se mueve a pie o en un *jeep.* Lo extraño fue que los militares no usaron helicópteros. ¿Por qué no lo hicieron? Pues porque al militar que iba al frente del pelotón no se le ocurrió, por lo menos eso fue lo que nos contestaron.

El segundo episodio es un poco más complicado y por ello es más difícil de creer la versión oficial del gobierno mexicano sobre los hechos que ocurrieron a partir del 26 de junio de 2007. Ese día, en la DEA se recibió información de que *El Chapo* visitaba con frecuencia la población de La Angostura, en el municipio de Canelas, Durango. Los reportes de los informantes afirmaban que se iba a casar en La Angostura con una jovencita llamada Emma Coronel Aispuro. Que este dato ya lo tenían confirmadísimo con gente del pueblo y con la misma gente del Cártel de Sinaloa.

Entre el 26 y el 29 de junio, la DEA obtuvo más información sobre el caso de La Angostura, y fuentes distintas a las primeras confirmaban que la versión era muy fuerte en el sentido de que *El Chapo* se iba a casar con la señorita Coronel Aispuro. Luego confirmamos que la fecha de la boda sería el 2 de julio.

Como era de esperarse, toda esta información la compartimos nuevamente con las autoridades correspondientes, recordándoles que entre el 29 de junio y el 2 de julio había un espacio suficiente para preparar un operativo. Nos respondieron que sería nuevamente la Sedena [Secretaría de la Defensa Nacional] la encargada de realizar la operación para agarrar al *Chapo*, vivo o muerto; y aseguraron que en esta ocasión no se les escaparía.

El número 1609 de la revista *Proceso* del 2 de septiembre de 2007 da cuenta de la boda entre Joaquín Guzmán Loera y Emma Coronel Aispuro:

El lunes 2 de julio pasado, el famoso narcotraficante se casó en La Angostura, localidad de este municipio [Canelas] a donde los fureños llegan sólo por caminos accidentados. Con todo y eso, además de autoridades locales asistieron a la boda ex funcionarios del gobierno de Sinaloa, tierra natal de Guzmán Loera.

Su nueva esposa, de 18 años de edad, se llama Emma Coronel Aispuro.

Previamente, para halagar a su novia, el narcotraficante más buscado y por el que la DEA ofrece cinco millones de dólares, secuestró prácticamente a la cabecera municipal durante todo un día, el pasado 6 de enero, para ofrecer un baile en honor de Emma en la plaza municipal.

El despacho periodístico del semanario mexicano destacó que Emma Coronel Aispuro —con ayuda del *Chapo*, por el hecho de que era su novia— el 6 de enero de 2007 ganó el concurso de la Reina de la Feria del Café y la Guayaba.

"Los informantes que teníamos por la zona nos reportaron que el día del matrimonio del *Chapo* con Emma, el capo había llegado en una avioneta acompañado de varios de sus amigos. Pero que desde tres días antes de la boda al pueblo de La Angostura llegaron en cuatrimotos más de 70 escoltas del Cártel de Sinaloa.

El agente de la DEA resguardado bajo el anonimato continúa su relato sobre el mismo incidente:

Los escoltas del *Chapo* llegaron igual que a Coluta, vestidos con ropa y gorra de color negro y armados con rifles de alto poder, granadas y otras armas pesadas que habían colocado en una avioneta que llegó desde el sábado. Los informantes reportaron que la boda, el 2 de julio, se llevó a cabo sin ningún contratiempo, que casi todo el pueblo asistió a la fiesta. Que hubo música de la que le gusta al *Chapo*, tequila, whisky y también cerveza hasta para llevar. Sus escoltas tenían perfectamente bien controlada toda la zona.

La gente de la Sedena llegó a La Angostura hasta el otro día de la boda, el martes 3 de julio. Pero como los soldados iban en autos y escoltados desde el aire por un helicóptero, el ruido alertó al *Chapo*, quien otra vez, junto con su gente, salió del pueblo rumbo a la sierra montado en una cuatrimoto.

"Así es muy difícil detenerlos, porque nos confundieron", fue la respuesta que recibió la DEA de parte del gobierno mexicano. ¿Acaso los militares no tenían ya el dato esencial de que *El Chapo* usó cuatrimotos en Coluta? ¿Se les fue u otra vez lo dejaron ir?

LAS "FUGAS" DEL *CHAPO*

El episodio más reciente de las "fugas" del *Chapo* cuando supuestamente está a punto de ser detenido, lo dio a conocer la Suprocuraduría de Investigación Especializada en Delincuencia Organizada (SIEDO) el 12 de marzo de 2012. El gobierno mexicano aseguró que estuvo a punto de capturar al líder del Cártel de Sinaloa durante febrero, cuando el narcotraficante se encontraba en una mansión de Los Cabos, Baja California.

Julián Cuitláhuac Salinas, titular de la SIEDO, informó que *El Chapo* estuvo en Los Cabos un día después de que concluyera en esa ciudad la reunión de ministros de relaciones exteriores del G-20 (20 de febrero de 2012), acto al que asistió la secretaria de Estado, Hillary Clinton, en representación del gobierno de Barack Obama.

Salinas afirmó que elementos de la Policía Federal llegaron a la mansión donde se encontraba el capo, pero que éste ya había abandonado el domicilio, y sólo arrestaron a dos hombres y a dos mujeres. Sin revelar la identidad de los detenidos, la SIEDO acotó que uno de ellos era piloto de Guzmán Loera y que en la casa se decomisaron armas y dinero en efectivo.

La DEA acepta que a sus oficinas en México llega mucha información anónima con datos supuestamente relevantes de los lugares donde se encuentra escondido *El Chapo*. Sin embargo, los agentes antinarcóticos estadounidenses señalan que muy poca de esta información suele ser útil. Ellos prefieren los datos que les proporcionan sus informantes, quienes con certeza han ubicado en varias ocasiones al *Chapo* y a su gente, asegurándole a la DEA que el jefe del Cártel de Sinaloa no está escondido, sino que vive tranquilamente en la sierra, en varias de sus casas de seguridad, entre Sinaloa, Durango y Chihuahua.

El mundo del narcotráfico, por todos lados hay versiones respecto de que el propio *Chapo* ha jurado: "Primero muerto antes que ser detenido y entregado a la DEA".

Los agentes estadounidenses aceptan que esa declaración atribuida al líder del Cártel de Sinaloa podría ser cierta, tomando en cuenta que hasta ahora, y desde aquel viernes 19 de enero de 2001, el narcotraficante se ha burlado de la DEA, y de las operaciones del gobierno mexicano, supuestamente diseñadas de manera infalible para detenerlo.

EL PLAN DEL PENTÁGONO PARA ELIMINARLO

Recientemente, en mi papel como corresponsal en Washington para la revista *Proceso*, junto con mi colega Jorge Carrasco Araizaga, publicamos un artículo sobre un plan elaborado por el Departamento de Defensa de Estados Unidos para detener al *Chapo* en el mismo corazón de la Sierra Madre Occidental.

Cito el texto publicado en el número 1867 de la revista, correspondiente a la semana del 12 de agosto de 2012:

> Ante lo difícil que ha sido atrapar a Joaquín *El Chapo* Guzmán, el gobierno estadounidense tiene listo un plan para capturar a este narcotraficante, el más conocido jefe del Cártel de Sinaloa, en una operación similar a la llevada a cabo en Paquistán el año pasado para dar con Osama Bin Laden, líder de Al Qaeda.
>
> Fuentes militares en México y Estados Unidos confirman la existencia del plan, que fue elaborado por el Pentágono hace varios

meses y ahora se encuentra detenido porque está diseñado para ser ejecutado sólo por estadounidenses, idea que no es vista con agrado por sus contrapartes mexicanas.

El plan incluso ya fue presentado a Felipe Calderón, quien lo promovió entre las Fuerzas Armadas. Y aunque ya hubo un rechazo tajante de parte del Ejército y la Marina de México, Washington no lo ha desechado y se lo propondrá al próximo presidente.

El plan existe a partir de una orden del Departamento de Defensa y el Comando Norte lo tiene considerado como una misión prioritaria, dijo una fuente de alta jerarquía del Ejército mexicano de la que por mutuo acuerdo se conserva el anonimato. La pretensión del Pentágono obedece a los constantes "intentos frustrados" del gobierno mexicano de detener a Guzmán Loera desde que escapó del penal de máxima seguridad de Puente Grande, Jalisco, en enero de 2001.

Por lo que revelaron las fuentes que hablaron sobre el plan del Pentágono, se desprende que, al igual que la DEA, el gobierno de Estados Unidos sabe que las autoridades mexicanas son las que se han rehusado a capturar al jefe del Cártel de Sinaloa. Para los jefes militares de Estados Unidos, la captura de este narcotraficante, si se los permitieran los mexicanos, sería algo tan fácil como arrebatarle un dulce a un niño.

La operación propuesta está pormenorizada en el Plan de Seguridad de Apoyo a México, diseñado por estrategas militares de las fuerzas especiales del Departamento de Defensa de Estados Unidos, el Pentágono.

La ejecución del operativo estaría a cargo de la principal fuerza especial de Estados Unidos, el Navy Seal (acrónimo de las palabras *sea, air, land*), formado por comandos de la Marina entrenados para acciones clandestinas en territorio enemigo, sea por mar, aire o tierra.

La operación sería una copia de la que el Pentágono ejecutó en secreto en Paquistán para "capturar o eliminar" a Bin Laden, quien finalmente fue muerto en su escondite en mayo de 2011. Helicópteros de las fuerzas especiales llegaron hasta el búnker del líder musulmán en las afueras de Islamabad, muy cerca de la academia militar paquistaní.

A partir de esa experiencia los mandos del Pentágono le explicaron a Calderón la propuesta para detener al *Chapo*, en lo que se definió como una operación "sencilla, rápida y quirúrgica".

En la sierra de Sinaloa, donde Guzmán Loera entra y sale a placer, la captura requeriría tres equipos especiales de *seals* con el apoyo de tres aviones de alta tecnología digital operados a control remoto y armados con misiles, según el plan.

Las fuerzas especiales se desplazarían por Sinaloa o Durango en helicópteros artillados. Al llegar al objetivo, dos de los equipos actuarían en tierra y otro se quedaría en el aire, con respaldo de los aviones no tripulados, para prevenir cualquier represalia del grupo delictivo.

En 10 o 15 minutos los dos equipos de asalto atraparían al objetivo y, según la propuesta operativa, en caso de encontrar resistencia lo eliminarían en el acto, al igual que a toda su guardia. Como ocurrió con el autor intelectual de los ataques terroristas contra Estados Unidos del 11 de septiembre de 2001, en caso de ejecutar al objetivo tendrían que recoger el cadáver.

El operativo contra *El Chapo* estaría observado y dirigido "en tiempo real" desde las oficinas centrales del Pentágono, del Comando Norte e incluso desde las oficinas del Consejo de Seguridad Nacional de la Casa Blanca. En la operación contra Bin Laden, el presidente Barack Obama siguió paso a paso desde la Casa Blanca el trabajo de los *seals*, aunque en el caso mexicano serían los mandos del Pentágono los responsables de vigilar el operativo.

En el plan no caben militares mexicanos, ni del Ejército ni de la Marina. Sólo entrarían uniformados mexicanos para presentar los resultados.

Según el mando militar consultado por *Proceso*, es claro que Estados Unidos tiene capacidad para capturar al *Chapo* en México, aunque para simular la participación mexicana los estadounidenses tendrían que disfrazarse con uniformes de alguna corporación nacional, como la Policía Federal.

La herencia de sangre y dolor que dejó Calderón a los mexicanos es imperdonable, y sólo el paso del tiempo podrá ayudar a sanar las heridas de los familiares de los miles de muertos que ha dejado la narcoviolencia. La captura o muerte de Joaquín *El Chapo* Guzmán Loera está en las manos de políticos; de su determinación, honestidad y valentía depende el futuro de este narcotraficante y, con ello, buena parte de la seguridad nacional.

La DEA no apuesta a que con la eliminación del *Chapo* se termine el problema de la inseguridad y de la narcoviolencia en México. Lo que sí pronostica es que si el nuevo presidente Enrique Peña Nieto actúa con más pragmatismo y se dedica verdaderamente a combatir la corrupción por narcotráfico que existe en todos los niveles gubernamentales, podría darle vuelta a la página de dolor y muerte que siempre, como una sombra, acompañará a Felipe Calderón y a todos aquellos funcionarios, políticos, militares y policías que lo apoyaron, toleraron y trabajaron a su lado a lo largo del "sexenio de la muerte".

Índice onomástico

A

Acosta Pedroza, Abel Ángel, 128.
Acosta, Pablo, 168.
Alcalá, Jaime, 70-72.
Alcides Magaña, Ramón, *El Metro*, 129.
Alegre, Alejandro, 111.
Álvarez Machain, Humberto, 88-90, 92.
Álvarez, Luis, 203, 228, 230.
Ángeles Dauahare, Tomas, 122.
Araujo Delgado, Gerardo, 200.
Arellano Félix, Benjamín, 160, 176.
Arellano Félix, Francisco Javier, 160.
Arellano Félix, Hermanos, 120, 157, 170, 188.
Arellano Félix, Ramón, 160, 176.
Arteaga Pérez, Juan José, 128.
Avilés Pérez, Pedro, 71, 72.

B

Baeza, José, *Joe*, 31, 32, 36, 49, 53, 55, 79-83, 85-88, 108, 112, 123, 144, 155, 156, 162, 183, 186, 189, 190, 234.
Barraza Guillén, Eliseo, 212.
Bartels, John A., 21.
Beltrán Leyva, Arturo, *El Barbas*, 176, 188, 189.
Beltrán Leyva, Héctor, 189, 190.
Beltrán Leyva, hermanos, 123, 131, 160, 189.
Bencomo, Raúl, 221, 224, 225-227.
Benítez Treviño, Humberto, 179.
Bin Laden, Osama, 242, 244.
Bond, James, 11.
Braun, Michael, 131, 132.

Brown, John, 206.
Brunt, Horacio, 178-183.
Bueno, Ismael, 200, 205.

C

Calderón Hinojosa, Felipe,
12, 14, 15, 36, 38, 73, 97,
98, 114, 122, 123, 131, 134,
143, 159, 160, 175, 176,
188-190, 194, 233-238,
243-245.
Camarena, Enrique, *Kiki*, 12,
29, 34, 75-92, 108, 117,
118, 129, 156, 195.
Camarillo Martínez, Yuri
Sergio, 219.
Cano Aguilera, Erick, 207,
222, 230.
Cárdenas Guillén, Osiel, 140,
160, 167, 168.
Cardona, Luis, 214.
Caro Quintero, Miguel, 56,
69, 160.
Caro Quintero, Rafael, 29, 56,
58, 69, 76-79, 83, 85, 86,
89, 118, 121, 160, 176,
193.
Carpizo, Jorge, 178, 179.
Carranza, Venustiano, 17.
Carrasco Araizaga, Jorge, 242.
Carrillo Fuentes, Alejandra,
201.

Carrillo Fuentes, Amado, *El
Señor de los Cielos*, 86, 120,
121, 140, 160-169, 176,
188, 234.
Carrillo Fuentes, Vicente,
El Viceroy, 50, 170, 195,
197-200, 210, 232.
Castanon, Manuel, *Manny*,
38-45.
Castillo Cárdenas, Edmundo,
El Comandante, 200,
205.
Castillo, Rubén, 38, 40, 43,
44.
Castro, Fidel, 19.
Cepeda Sáenz, Omar, 213-
215.
Cervantes Aguirre, Enrique,
121.
Clinton, Hillary, 241.
Constantine, Thomas, 169.
Corbett, Michael, 208, 209,
215, 221, 222, 226-229.
Coronel Aispuro, Emma, 239,
240.
Corral Olaquez, Armando,
200.

D

Dawe González, Roberto,
122.
Del Toro, Benicio, 121.

Diéguez, René, *René Ramírez*,
208, 209, 215, 221, 225,
227.
Dixon, John, 228.
Douglas, Michael, 121.

E
Echeverría Álvarez, Luis, 21-
23, 69.
Escobar Gaviria, Pablo, 31,
118, 161, 163.
Escorcia Vargas, Ricardo, 122.
Esparragoza Moreno, Juan
José, *El Azul*, 39, 235.

F
Félix Gallardo, Miguel Ángel,
El Padrino, 68, 69, 76-79,
83, 85, 86, 88, 118, 121,
160, 176.
Fielden, Juanita, 195, 210,
214-216, 226, 229.
Fierro Molina, Roberto, 200.
Fonseca Carrillo, Ernesto,
Don Neto, 89, 160, 176.
Fox Quesada, Vicente, 14, 95,
108, 143, 144, 160, 170,
194, 236.
Fraga, Steve, 41, 42.

G
Gaddis, David, 42.

Gárate Bustamante, Antonio,
El Ciego, 90.
García Ábrego, Humberto,
179, 184.
García Ábrego, Juan, 31, 37,
86, 140, 142, 160, 176-
188.
García Cárdenas, Alejandro,
203, 204, 220, 222- 224,
226, 227, 232.
García Gutiérrez, Alejandro,
223.
García Luna, Genaro, 143,
144, 231.
García, Luis, 219.
Garza, Tony, 206.
González Calderoni,
Guillermo, 86-88, 156, 168,
179.
González, Pete, 215, 219, 224-
226-228.
González, Sandalio, 29, 32-
34, 53, 54, 59, 103, 119,
133, 135, 138, 140, 145,
153, 154, 170, 171, 196,
221.
Guardioso, John, 222, 224,
229.
Guevara, Rogelio, 66,
67.
Gutiérrez Rebollo, José de
Jesús, 120-123.

Gutiérrez, Gerónimo,
    108.
Guzmán Loera, Joaquín,
    El Chapo, 14, 15, 39, 40, 43,
    45, 50, 86, 114, 137, 138,
    160, 161, 233, 235, 235-
    245.

H
Hatch, Orrin, 122.
Hernández Sánchez, Óscar,
    128.
Hernández, Silvio Isidro, 123.
Herrod, David, 38, 41-43.
Holifield, Larry, 211, 228, 230,
    231.

J
Jones, Jim, 182, 183.

K
Kramer, Patricia, 215.

L
Levario, Martín, 217-219, 225,
    227, 228, 231, 232.
López Portillo, José, 69.
López Solana, Misael, 132.
López Velasco, Miguel Ángel.
    124, 132.
Loya Castro, Humberto, 38-
    45.

Loya Gallegos, Miguel, 199,
    208, 210, 212-213, 217,
    218, 220, 221, 223-231.
Lozano Gracia, Antonio, 180,
    183.
Lozano, Joel, 203.

M
Malherbe, Óscar, 178, 183.
Márquez Márquez, Juan José,
    232.
Márquez Santiago, Miguel,
    128.
Márquez, José Jaime, 220-222,
    224-227, 229-231.
Mayorga Díaz, Erika, 224.
McBrayer, Homer Glenn,
    206-213, 215-217, 219,
    222, 225.
Medina Mora, Eduardo, 230.
Medina Salazar, Ernesto, 128.
Mireles Malpica, Pedro, 98.
Montoya Navares, Homero,
    205.
Morales, Arturo Jaime, 225.
Morán Acevedo, Alfredo, 126,
    128.

N
Nevarez Montoya, Homero,
    205.
Nixon, Richard, 19-21.

O
Obama, Barack, 241, 245.
Olivo Trinker, Roberto Javier, 128.
Orring Urista, Jorge Héctor, 128.

P
Peniche, Carlos, 56.
Peña Nieto, Enrique, 245.
Pérez Aguilar, Ignacio, 125.
Pérez Gómez, Juan, 214.
Pérez Ramírez, Rubén, 122.
Portillo Madrid, Luis, 232.

R
Ramírez Peyro, Guillermo Eduardo, *Lalo*, 193, 195, 196-208, 213-216, 220-227, 229, 232.
Ramírez Yánez, Lorenzo, *Luis Pérez*, 203, 208, 217, 222-224, 230.
Rentería Cervantes, Rodolfo, *Roberto Rodríguez Cervantes, Roberto Rentería Cervantes*, 212, 218.
Reyes Aguado, Fernando, 230, 231.
Rico, Luis, 219.
Robinson, Todd W., 39.
Rodríguez García, Jesús, 128.

Rodríguez Orejuela, Hermanos, 118, 166.
Rodríguez Orejuela, Miguel, 112.
Rodríguez Rodríguez, Jesús, 201, 205.
Rodríguez, David, 207.
Rosas García, Jorge, 213, 219, 228, 230.

S
Safford, Joan, 228.
Salazar Carrillo, Eduardo, 128.
Salinas de Gortari, Carlos, 90, 91, 133, 134, 140, 178, 187.
Salinas de Gortari, Raúl, 140-142.
Salinas, Julián Cuitláhuac, 241.
Santana Nevarez, José Guillermo, 201.
Santiago Vasconcelos, José Luis, 201, 213, 226,.
Santillán Tabares, Heriberto, *El Ingeniero*, 197-203, 205, 206, 208-211, 213-216, 218, 220, 222, 225, 230, 232.
Shannon, Elaine, 78.
Soderbergh, Steven, 121.
Solana de López, Agustina, 132.

Sosa Mayorga, José Luis, 178.
Sosa, José Luis, *El Cabezón*,
    183.

T
Tello Peón, Jorge, 90, 92, 157.

V
Valdez Rivas, Álvaro, 225, 230.
Valle Espinosa, Eduardo,
    El Búho, 178.
Valverde, Fausto, 154, 155.
Vázquez, Antonio, 85.
Vázquez, hermanos,
    Los Tierras Blancas, 84, 85.
Vigil, Mike, 27, 28, 30, 32, 47,
    48, 50, 52, 55, 58, 59, 61–
    64, 68, 71, 74, 88–93, 96,
    98-101, 108, 109, 115, 123–
    126, 128, 131, 132, 141,
    161–164, 177, 180, 181,
    183, 186, 189, 191.

W
Werlin, Ewing, 37.

Y
Yzaguirre, Robert, 87.

Z
Zambada García, Ismael, *El
    Mayo*, 38–42, 44, 45, 50,
    235.
Zambada Niebla, Jesús
    Vicente, *El Vicentillo*, 38,
    40-41, 43-45.
Zavala, Alfredo, 76, 78, 79.
Zedillo Ponce de León,
    Ernesto, 120, 141, 142, 177,
    180, 187.
Zeta Jones, Catherine,
    122.
Zuviri Morales, Francisco,
    128.

La DEA en México, de Jesús Esquivel
se terminó de imprimir en julio 2013 en
Drokerz Impresiones de México, S.A. de C.V.
Venado Nº 104, Col. Los Olivos, C.P. 13210,
México, D. F.